PUMP UP THE VOLUME

W0277659

PUMP UP THE VOLUME

Est édité par

Omaké Books

7-9 Rue des Caillots
93100 MONTREUIL / FRANCE

Auteur : Claude Gaillard

Directeur de collection : Florent Gorges

Assistant de direction : Olivier Lehmann

Couverture : Claude Gaillard / Steeven Flores

Maquette : Claude Gaillard / Steeven Flores

©2023 Omaké Books

Tous droits réservés, dont celui de reproduire ce livre ou des portions de ce livre, sous quelque forme que ce soit. Pour plus d'informations, contactez Omake Books.

http://omakebooks.com

ISBN : 978-2-37989-250-9

Imprimé en Bulgarie par FoliArt

Achevé d'imprimer en Avril 2023

Dépôt légal : Juin 2023

LES SECRETS DES PLUS GRANDS TUBES DE LA GÉNÉRATION DANCE

PUMP UP THE VOLUME

CLAUDE GAILLARD

omaké books

SOMMAIRE

House Music is a spiritual thing

Notre histoire débute dans les années 1980 sur la tombe du disco. Chicago, ville berceau du blues et du funk, donne naissance à un courant musical hybride et quasi-expérimental. Son nom, la house music, pointe officiellement du doigt la discothèque The Warehouse, lieu présumé de sa venue au monde. Il désigne aussi une révolution en cours. La technologie et l'industrie japonaise ont démocratisé l'outil de production jusqu'à un point de non-retour. Les coûteux studios d'enregistrement professionnels sont court-circuités. La house est une musique que l'on fabrique et que l'on enregistre chez soi avec les moyens du bord. Sampleurs, synthétiseurs, séquenceurs et boîtes à rythme ont remplacé guitares et batteries. La norme MIDI (Musical Instrument Digital Interface) qui permet aux instruments de communiquer entre eux et l'avènement de l'informatique musicale finiront le travail. Le courant est par nature insaisissable, une variante se détache et se développe rapidement dans le Michigan, à Détroit. L'ancienne Motor City devenue ville fantôme porte encore les stigmates des émeutes raciales. La house y est rebaptisée techno et, sous l'influence des musiques électroniques européennes (Kraftwerk, mais pas seulement), elle se pare d'un minimalisme et d'une radicalité inattendus. Quoi qu'il en soit, aux États-Unis, le mouvement reste *underground* et montre même des signes d'essoufflement. Ces nouvelles musiques électroniques traversent l'Atlantique et renversent la Grande-Bretagne en quelques mois. Faut-il y voir l'expression d'un génie tout britannique ? Les producteurs, DJ et musiciens anglais, déjà sacrés rois de la pop, lui offrent ses premiers hymnes et grands succès commerciaux. La new beat belge, l'italo house et mille autres sous-genres apparaissent dans les *charts*. Certains ne dureront que quelques mois (souvenons-nous de la brass beat ou de la dream music) ou quelques titres. Face à cet engouement lointain, le public américain se gausse. Certains vont jusqu'à étiqueter le phénomène sous le nom d'EuroTrash (déchets européens), ignorant de toute évidence que ces musiques sont nées sur leur propre territoire national. Mais peu importent les drapeaux et les couleurs de peau, la house music ne revendique précisément aucun message ni origine. Elle s'est même soustraite à l'idée d'un vedettariat. Les créateurs signent le plus souvent leurs œuvres sous des pseudonymes et les pochettes de disques aussi minimalistes que mystérieuses visent l'anonymat. Une tendance qui sera toutefois inversée par l'industrie musicale traditionnelle lorsque celle-ci parvint à s'emparer du phénomène.

Définir le style house est tout sauf une mince affaire. Cette musique polymorphe est essentiellement faite d'emprunts et d'hybridations. Ses productions présentent toutefois quelques dénominateurs communs. Elles se structurent pratiquement toutes sur le beat. Des pulsations hypnotiques rappelant celles du cœur humain et martelant chaque temps de la mesure. Elles s'abandonnent souvent aux *basslines* ravageuses, invitant ainsi à la danse. Le caractère répétitif, pour ne pas écrire « bouclé » de l'exercice, amplifié par l'idée même du mix au tempo donnant l'impression que la musique ne s'arrête jamais, finit par lui donner texture et caractère tribaux. « *Not everyone understand house music, it's a spiritual thing, a body thing, a soul thing* », slamait Eddie Amador dans son génial *House Music* en 1998, résumant parfaitement la situation. Ces musiques, qu'elles soient très électroniques ou plus organiques, proposent une expérience corporelle et spirituelle conduisant à un état d'exaltation proche de la transe. Évidemment et comme toujours dans l'histoire de la musique, l'irruption de ce genre avant-gardiste et provocateur déclencha une sérieuse levée de boucliers. Les audacieuses *Gymnopedies* d'Erik Satie n'ont-elles pas, en leur temps, invité à quelques grimaces ? Il n'en reste pas moins vrai qu'aujourd'hui, la house music, que certains voient comme la branche populaire de la musique concrète, a indiscutablement acquis ses lettres de noblesse, contaminé la pop, le rock, la chanson et transformé la composition en jeu de construction sonore. Une évolution à laquelle ont contribué à leur manière les hits des années 1980 et 1990, souvent taxés d'entreprises purement commerciales, alors même qu'une bonne part est paradoxalement issue d'une culture très *underground*. Mais le monde n'est sans doute plus à une contradiction près.

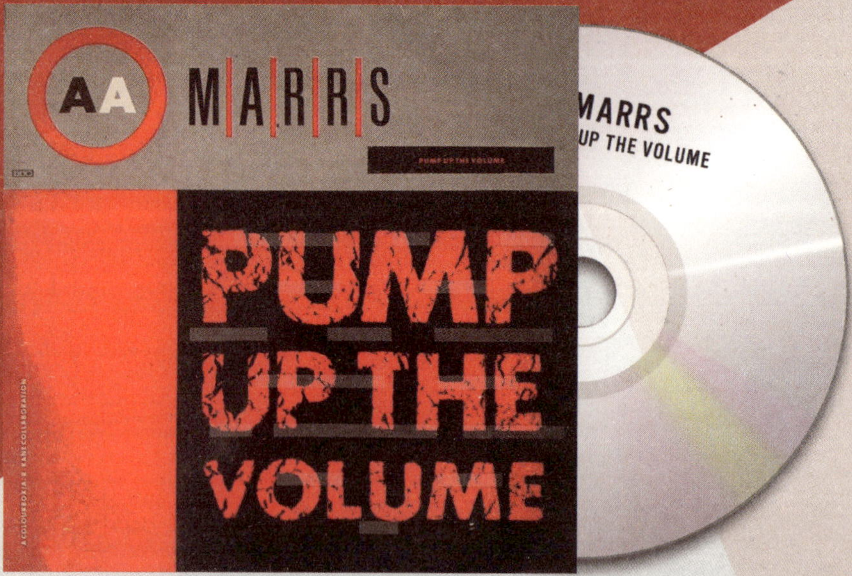

MARRS
PUMP UP THE VOLUME

« PUMP UP THE VOLUME… PUMP UP THE VOLUME… »

Non, le single *Pump Up the Volume* n'a pas donné son nom à ce livre par hasard. Avec ce hit planétaire, le groupe MARRS a offert au *sampling* son titre de référence et à la culture house un monument. Pourtant, sa genèse fut particulièrement contrariée. En 1987, Ivo Watts-Russell, le fondateur du label britannique indépendant 4AD, a l'idée de réunir deux groupes de son catalogue, Colourbox et A R Kane, pour travailler ensemble sur un single de musique électronique. L'objectif de Watts-Russell est de répondre à la production house américaine venue de Chicago qui remporte un vif succès en Angleterre. Mais la collaboration va s'avérer plus difficile que prévu. Les deux formations ont des méthodes de compositions différentes et les personnalités de leurs membres peinent à s'accorder. Le producteur John Fryer sentant la situation tourner au vinaigre, décide par conséquent de faire travailler Colourbox et A R Kane séparément. Chacun enregistre un titre et permet à l'autre d'y faire quelques apports. *Pump up the Volume*, enregistré par Colourbox, a pour originalité d'utiliser un très grand nombre de *samples* extirpés de disques existants, donnant une impression de patchwork musical inédit. Étonnant pour l'époque, ce son fait fureur dans les clubs anglais durant l'été 1987. À l'approche de la rentrée, le *single* se classe dans le hit-parade britannique et un remix enfonce le clou ajoutant encore plus de *samples* à la version originale. Les radios le font entrer en rotation, mais le succès de *Pump up the Volume* révèle aussi les limites légales du *sampling*. Si l'utilisation du *sample* vocal principal (la phrase *Pump up the Volume*) est issue du titre *I Know You Got Soul* d'Eric B. & Rakim, artistes signés sur le même label, d'autres compositeurs producteurs ont pris la mouche. Et non des moindres. Le trio Stock Aitken Waterman, rois de la pop britannique qui ont vu une de leur chanson pillée sans autorisation, se lance dans une bataille juridique. Les disques de *Pump up the Volume* sont un temps retirés de la vente. Si un arrangement a bel et bien été trouvé pour le marché local, la version exportée vers les États-Unis sera soigneusement nettoyée de ce gênant emprunt ainsi que d'un *sample* vocal de l'artiste afro-américain James Brown. Il est cependant déjà trop tard pour ternir le succès populaire du tube de MARRS ou stopper la révolution musicale en cours. En octobre, *Pump up the Volume* se classe deux semaines durant au sommet des *charts* britanniques. Les Anglais font désormais danser la planète entière, jusqu'à Chicago, terre sainte de la house music. En dépit de ce triomphe, le groupe MARRS ne reprendra jamais le chemin des studios.

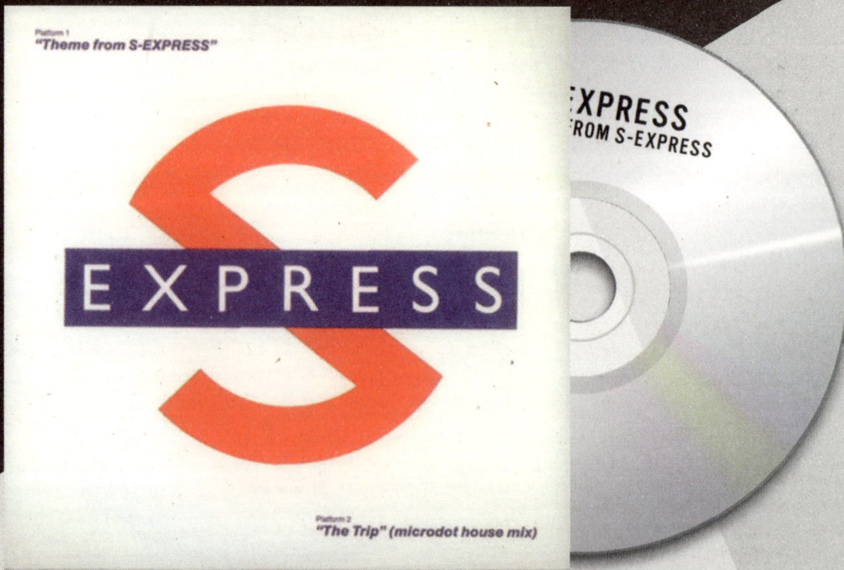

S-EXPRESS

THEME FROM S-EXPRESS

« Enjoy this trip… And it is a trip… »

Le groupe S-Express fut l'un des pionniers de la house music britannique. Tout commence en 1983 lorsqu'un certain Mark Moore, un enfant des sixties, débute sa carrière de DJ au The Mud Club, une boîte de nuit londonienne à la mode. L'époque est plutôt à la new wave, mais Moore est l'un des premiers disc-jockeys à importer les rythmes électroniques et minimalistes de la house de Chicago et de Détroit, aidant ainsi à populariser le genre en Angleterre. En 1988, Mark Moore s'associe au producteur et musicien belge Pascal Gabriel. Le duo est rejoint par une flopée d'autres artistes – dont Sonia Clarke, qui se fera plus tard connaître sous le pseudonyme de Sonique – pour former le collectif S-Express.

Cette bande de joyeux allumés a une idée de génie : recycler l'introduction d'un titre de disco datant de l'année 1979. Ce disque, c'est *Is It Love You're After*, interprété par le groupe soul américain Rose Royce. Ce bref passage est échantillonné, soigneusement malaxé, puis habillé d'un *beat* électronique percutant sur lequel la chanteuse Michèle pose sa voix. Là encore, le recyclage est de mise, le gimmick vocal est arraché à TZ - *I Got The Hots For You*, un disque electro-funk de 1983. D'après certains, un des sons de percussions aurait été obtenu en samplant une bombe aérosol. Le résultat de cet assemblage gonflé tombe dans les bacs des disquaires en avril 1988, sous le titre *Theme from S-Express*. Les disc-jockeys se jettent sur le titre. Le succès est quasi instantané en Europe. Le premier single de S-Express réussit l'exploit de conserver la première place du UK Singles Chart durant deux semaines. C'est désormais une évidence, le courant house n'a pas juste traversé l'Atlantique, il est devenu une affaire européenne. Et l'Angleterre compte bien lui donner ses plus grands classiques.

HIT HOUSE
JACK TO THE SOUND OF THE UNDERGROUND

La même année, le projet HIT HOUSE concocté par un jeune et mystérieux DJ producteur hollandais, Peter Slaghuis, enfonce le clou avec une *bassline* acide et une flopée de *samples* (dix-sept ont été identifiés), dont la mélodie chantée du titre *You're No Good for Me* enregistré un an plus tôt par Kelly Charles. En 1994, cette même boucle vocale est à l'origine du tube mondial *No Good (Start the Dance)* de The Prodigy. La carrière de Peter Slaghuis prend quant à elle une tournure dramatique. En effet, l'artiste décède en 1991 dans un accident de voiture alors qu'il rentre chez lui après une performance.

101
ROCK TO THE BEAT

« Rock to the beat… Rock To the beat… »

À la fin des années 1980, un vent nouveau souffle sur les clubs du plat pays. La new beat, courant très éphémère au carrefour de l'acid house et de la dark wave, émerge en Belgique. Cette musique électronique est reconnaissable par ses productions aux tempos lents, mais néanmoins hypnotiques. Selon la légende, la formule magique aurait été trouvée par un certain Marc Grouls. Ce disc-jockey a eu l'étrange idée de jouer le 45 tours *Flesh* du groupe belge A Split second à la vitesse d'un 33 tours. Le tube ainsi ralenti, ses mélopées synthétiques ramenées dans les basses fréquences font immédiatement sensation sur les pistes de danse. Les DJ locaux emboîtent tous le pas et se mettent « à jouer » le titre de cette manière. Face à ce curieux phonème, des petits malins décident de prendre le train en marche et de transformer cette expérimentation « vinylistique » en genre musical. La new beat – litt. « le nouveau battement » – est née. Elle s'impose dans toute la Belgique et dans les pays limitrophes comme les Pays-Bas, l'Allemagne et la France. Tout ce qui est estampillé « new beat » s'arrache et les disquaires peinent souvent à satisfaire la demande. Cependant, l'essentiel de la frénétique production des DJ et musiciens belges reste dans l'*underground* et à l'ombre des *charts*. Quelques titres parviennent tout de même à se faire connaître du grand public jusqu'à se transformer en tubes. Parmi les chanceux, on trouve en bonne place *Rock to the Beat*, véritable hymne à ce genre musical émergent enregistré par 101 avec le concours de la chanteuse Nikkie Van Lierop. La plupart des *clubbers* l'ignorent alors, mais le morceau phare de la génération new beat n'est nullement une création, et encore moins un produit du terroir belge. *Rock to the Beat* est en fait une simple reprise d'un titre venu tout droit des États-Unis, plus précisément de la ville de Détroit. L'original (Reese & Santonio – Rock to the Beat) a été produit quelques mois plus tôt par l'Américain Kevin Saunderson, l'un des pères fondateurs du mouvement techno, et Santonio Echols. Peu importe, car en matière de musique électronique, tout se recycle, se remixe et se sample à l'infini. La preuve ? En France, c'est un autre cover de *Rock to the Beat* attribué à One o One et distribué par la maison de disque CBS, qui remporte les faveurs du public. La version *mainstream* du titre remplace astucieusement les mots « ecstasy » et « acid » par « fantasy » et « new beat », gommant ainsi toute référence aux drogues qui font des ravages dans les clubs européens.

CONFETTI'S
THE SOUND OF C...

« The sound which creates a new dimension »

L'autre single porte-drapeau de la new beat a l'avantage d'être un pur produit belge. Le jeune DJ et producteur Serge Ramaekers fréquente une boîte de nuit flamande baptisée Confetti's située sur la commune de Brasschaat, lorsque le patron lui demande de créer une musique exclusivement pour son établissement. L'homme insiste pour que la chanson soit dédiée à sa compagne Chrissy. Le dimanche après-midi suivant, sur le coup des 15 h, Serge Ramaekers s'exécute et se met face à ses claviers dans son home studio. Il sample des éléments rythmiques sur le disque *The Opera House* (1987), martèle une basse rigide issue de l'incontournable Yamaha DX7 – le premier synthétiseur digital de l'Histoire – et finit par ajouter à cette mixture un riff synthétique joué sur un Roland Alpha Juno 1. La démo de *The Sound of C…* a été emballée en deux heures. Ramaekers enregistre le tout sur une cassette audio et part tester sa création sur les *dancefloors*. Face à la réaction du public, les DJ auxquels il a tendu l'enregistrement ne veulent plus le lui rendre. Devenu un phénomène *underground*, *The Sound of C…* va très vite faire parler de lui et attirer l'attention des disquaires et des labels. Cette œuvre de commande finira par sortir en maxi vinyle. Le premier tirage de 7 500 exemplaires s'épuise en une semaine. Les invitations à se produire dans les clubs de l'Europe entière poussent Ramaekers et son compère Dominique Sas à donner à Confetti's un visage. Ils forment ainsi un groupe de toutes pièces. Il sera composé du géant Peter Renkens (le serveur du club) et de quatre danseuses soigneusement sélectionnées parmi la clientèle du Confetti's. Cette belle aventure sera toutefois ternie par quelques critiques acerbes. Chez les purs et durs du mouvement new beat, on accuse volontiers la formation de verser dans la musique commerciale. Une critique très injuste lorsque l'on sait que *The Sound of C…* fut pour commencer un succès *underground* et qu'il joua de plus un rôle important dans la popularisation des musiques électroniques européennes. Après quelques autres succès, dont le fameux single *C in China* et un Megamix épique, le soufflé retombe et le groupe disparaît dans la nature. Mais son producteur Serge Ramaekers est, lui, loin d'avoir dit son dernier mot. On le retrouvera aux commandes de quelques autres projets incontournables tels que *Cartouche - Feel The Groove* ou un remix du titre *Living on my Own* de Freddie Mercury.

C in China, le deuxième single et deuxième succès commercial de la formation Belge Confetti's.

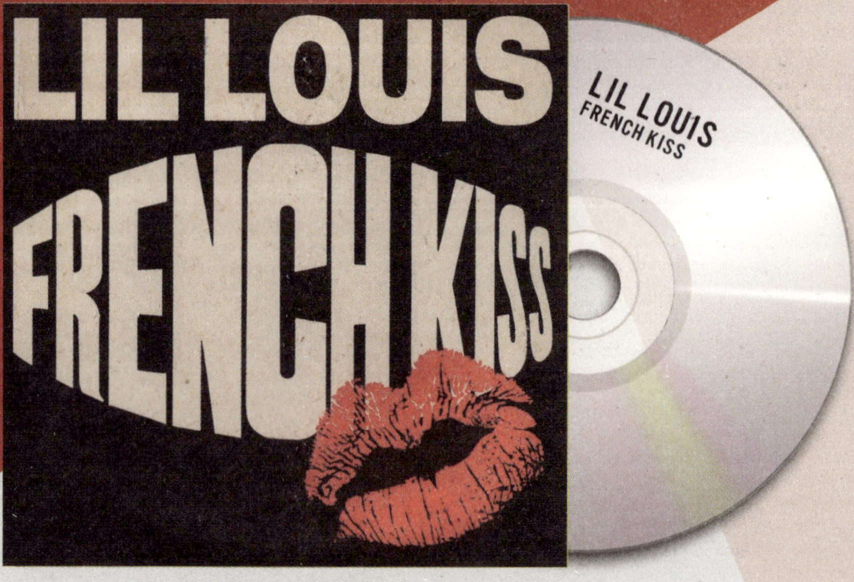

LIL'LOUIS
FRENCH KISS

« HUM… HUM… »

Fils d'un musicien de Chicago, le petit Marvin Louis Burns a débuté sa carrière de DJ par accident à l'âge de 12 ans. Sa mère organise une soirée, le disc-jockey tombe malade et celui qui se fera plus tard appelé Lil' Louis (litt. « Petit Louis ») est contraint de passer derrière les platines. Le virus du mix est pris. Et bien qu'il se tienne à l'écart du club The Warehouse, berceau de la house music, notre homme va devenir l'un des DJ les plus influents de sa ville. Soucieux de toujours se démarquer de la concurrence, Marvin Louis Burns compose et enregistre des titres qu'il ne commercialise pas et dont il garde ainsi l'exclusivité pour ses propres mix. Son tube *French Kiss* concocté en 1987 a grandement contribué à sa popularité locale... D'autant plus, dirais-je, que le seul moyen de l'entendre à l'époque était de se rendre à ses soirées. Cette piste entêtante, lancinante diront certains, est dans un premier temps instrumentale. Mais elle présente déjà une particularité qui la rend unique. Elle est conçue sur une très inattendue et complètement inédite décélération progressive de son tempo. Un gimmick ou plutôt une structure qui déclenche l'hystérie du public lorsque celle-ci est jouée pour la première fois lors d'un mix de Marvin dans une discothèque à la mode, Le Médusa. « *Les gens criaient tellement fort que je n'entendais même plus le disque* », déclare l'intéressé. *French Kiss* deviendra l'une de ses signatures et la marque de fabrique de mix de Lil'Louis. Mais sur la planète House, les nouvelles et les *bootlegs* vont vite. Le titre est piraté à Londres. Plutôt que de laisser des petits malins s'emparer de son tube et d'en récolter les lauriers (un *cover* a rapidement été produit par un certain Big Louis), Monsieur Burns décide de sortir le morceau en 1989. Mais l'artiste ne fait décidément rien comme les autres, il se détourne des labels indépendants pour pactiser avec un mastodonte de l'industrie musicale, Sony. Le choix est judicieux : le single *French Kiss*, qui s'est vu ajouter la voix de Shawn Christopher, une choriste du groupe Shaka Kan, se classe N°1 du Billboard Hot Dance Club Play et finit par se vendre à environ six millions d'exemplaires. Cette composition peu commune, mémorable par les gémissements de son interprète, a fait de son créateur une star mondiale et défini les contours d'une house érotique, pour ne pas écrire sexualisée. La formule sera reprise en 1996 à la sauce techno industrielle, avec le morceau *Siren* de Sex Alarm. Un projet derrière lequel se cache le producteur de trance progressive italienne, Francesco Renna. Mais ce dernier pousse le bouchon beaucoup plus loin, offrant à sa lascive complainte des gimmicks vocaux particulièrement provocateurs : « *I want to swallow your cock, Please fuck me !* » (litt. « Je veux avaler ta bite, s'il te plaît baise-moi ! »). Des paroles gonflées qui offriront à *Siren* une longévité exceptionnelle dans les *playlists* de DJ et en feront un petit classique du genre.

BLACK BOX
RIDE ON TIME

« Gotta get up, gotta get up, gotta get up... »

Avec le hit *Ride on Time* de Black Box, nous tenons un scandale à tiroirs dont l'industrie musicale a le secret. Tout commence alors qu'un des membres de Black Box (un collectif de producteurs italiens), Daniele Davoli, en voyage à New York, tombe sur un disque du classique du disco *Love Sensation* (1980) comprenant une piste a cappella de la chanteuse afro-américaine Loleatta Holloway. Davoli décide de l'acheter et de le ramener en Italie. Dans le club où il est résident, il crée ses premiers *mashup* en samplant sa trouvaille new-yorkaise. Mirko Limoni trouve, de son côté, le riff de piano house qui fera entrer le titre dans la légende. Ainsi naît un tube écrasant baptisé le plus accidentellement du monde *Ride on Time*, nos sympathiques producteurs italiens, pas vraiment fortiches en anglais, ayant mal interprété les paroles de la Diva Holloway « *You're right on time* ». Peu importe la méprise, le disque cartonne en Angleterre. Revers de la médaille, les négociations entre la maison de disques BMG et le label Salsoul, propriétaire des bandes de *Love Sensation*, tournent au vinaigre. Dans l'incapacité d'obtenir un accord, BMG contraint les Black Box à repasser par la case studio pour remplacer les *samples* du disque. Heather Small (la chanteuse de M People), appartenant au même label, accepte cette périlleuse mission. Mais l'histoire ne s'arrête pas là, car pour assurer la promotion du groupe, les Italiens se sont entichés d'une plantureuse top model guadeloupéenne, Catherine Quinol. Celle-ci chante en playback sur scène et lors d'apparitions télévisées. Le subterfuge finira par être démasqué, et un autre problème juridique va ternir leur succès populaire.

Durant l'été 1989, le groupe Black Box a cassé la tirelire et s'est payé la diva du disco américain, Martha Wash, pour enregistrer des maquettes de leurs prochains titres. Mais contre toute attente, les Italiens ont décidé de conserver la voix de la diva sans l'en avertir. Les prochains singles de Black Box, dont les tubes internationaux *I Don't Know Anybody Else*, *Everybody Everybody*, *Strike it Up* ou encore une reprise de *Fantasy* de Earth Wind and Fire, sont ainsi interprétés par Martha Wash, tandis que Catherine Quinol continue d'être la face visible du groupe. La chanteuse d'*It's Raining Men* fulmine. Elle n'a pas touché un sou et n'est même pas créditée en tant qu'interprète. Elle décide donc de poursuivre le groupe et sa maison de disques. Sur sa lancée, elle traîne également les producteurs du groupe C+C Music Factory devant les juges pour le titre *Gonna Make You Sweat* pour lequel elle n'est créditée qu'en qualité de choriste alors qu'elle chante le refrain principal. Face à ces multiples déconvenues, devenue la cible de railleries incessantes, la belle Catherine Quinol décide de quitter le groupe après la sortie de l'album *Dreamland* et de tourner la page. Le groupe Black Box, lui, restera en activité, mais ne connaîtra jamais plus véritablement le succès.

TECHNOTRONIC
PUMP UP THE JAM

« Get your booty on the floor tonight, Make my day »

La formidable épopée de Technotronic débute en Belgique sur la tombe de la new beat. Le producteur bruxellois Jo Bogaert, qui enregistre des morceaux de house instrumentale à la chaîne, se met en quête d'une rappeuse noire. Il finit par tomber sur une artiste belgo-congolaise de 17 ans, Manuela Kamosi, alias Ya Kid K. Cette rencontre va les conduire à former Technotronic, une formation unique en son genre puisqu'au carrefour du rap et de la musique techno. Le single *Pump up The Jam* sera leur rampe de lancement. Mademoiselle Kamosi accepte d'enregistrer pour Bogaert. Elle écrit elle-même le texte de la chanson et rappe avec une conviction toute adolescente sur le titre. Mais la maison de disques belge, trouvant la jeune femme insuffisamment photogénique et surtout trop jeune, a la très mauvaise idée de la laisser en retrait. Sur la pochette des 45 tours, dans le clip comme pour les apparitions télévisées, c'est un mannequin professionnel, Felly Kilingi, qui apparaît. La top model a été engagée pour assurer la promotion du single. Elle se contente ainsi de chanter en playback. Ce qui ne l'empêche pas de prendre son rôle très au sérieux, un peu trop au goût de Jo Bogaert. Le producteur, amusé par la situation, finit par déclarer à des journalistes anglais : « *Felly a tellement dit à tout le monde qu'elle avait chanté sur le titre, qu'à la fin elle a fini par le croire* ». La nouvelle éventée, la maison de disques se trouve dans l'embarras et décide de faire machine arrière. Dès leur deuxième titre, qu'écris-je, leur deuxième succès international, *Get Up! (Before the Night Is Over)*, la mignonnette Ya Kid K, véritable artiste vocale du groupe, sort de son placard et de l'anonymat. Le clip vidéo d'époque semble vouloir mettre en scène cette douloureuse transition. Felly Kilingi n'y apparaît plus que dans les arrière-plans. Elle finit d'ailleurs par quitter discrètement le groupe. Pour le troisième titre, *This beat is Technotronic*, un rappeur gallois (Eric Martin alias MC Eric) est recruté, et l'intérêt du public pour le groupe se confirme. La formule Technotronic cartonne dans toute l'Europe et aux États-Unis. Même Madonna, séduite par ce nouveau son, décide de leur confier sa première partie pour l'ensemble des dates de sa tournée européenne. Sans surprise, le succès du groupe ne tarde pas à s'émousser. De nouveaux artistes *dance* débarquent chaque semaine dans les *charts* européens pour pousser les anciens vers la sortie. À partir de 1991, la ferveur retombée, le groupe, changeant d'interprètes vocaux comme on change de chemise, sombre dans un oubli relatif. Plusieurs remix et de nouvelles versions des tubes *Get Up! (Before the Night Is Over)* et *Pump Up The Jam* (dont celle de D.O.N.S. en 2005) ont toutefois permis à la formation de sauver l'honneur en se classant à nouveau dans les hits parades. Les sonorités tranchantes, minimalistes et synthétiques de ces classiques survoltés, couplées au rap percutant de Ya Kid K, semblent étrangement avoir échappé aux ravages du temps. Ne serait-ce pas là la qualité des classiques ?

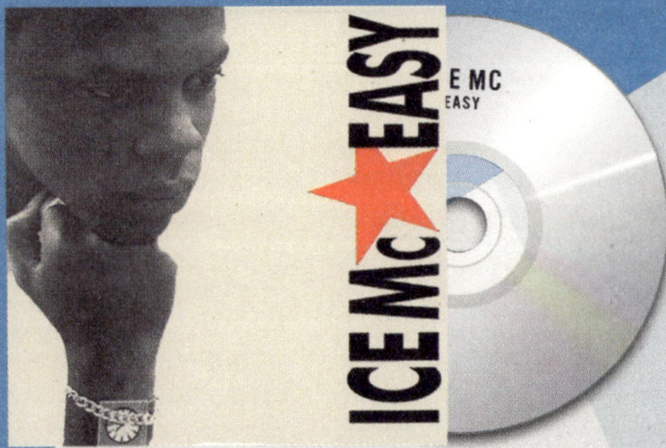

ICE MC
EASY

« Easy ! Easy to remember… »

Bien qu'à ce jour un peu (et je pèse mes mots) oublié, Ian Campbell alias Ice MC fut une icône de l'eurodance. Ce rappeur britannique d'origine jamaïcaine s'installe en Italie, plus exactement à Florence, au milieu des années 1980. Il y débute une carrière musicale et connaît son premier tube à la fin de la décennie avec *Easy*. Un titre mêlant hip-hop et dance qui est également sa première collaboration avec l'un des pionniers de la musique club italienne, Roberto Zanetti, dit Robyx. Mais Ice MC met plusieurs années à accéder au vedettariat. Il lui faut même attendre son troisième album paru en 1993, et une succession de tubes, *Think about the Way*, *It's a Rainy Day* et *Take Away the Colour*, pour que la sauce prenne. Zanetti a l'idée de coupler l'artiste avec la chanteuse italienne Alessia Aquilani, dite Alexia. La jolie brune chante les refrains et se produit avec Ice MC sur scène. Le son hip-hop de ses débuts n'est plus qu'un lointain souvenir. La production s'est définitivement orientée vers l'eurodance commerciale. En 1995, une brouille entre Campbell et Robyx met un terme à cette période faste. Ice MC quitte l'Italie et Alexia pour l'Allemagne où il ne connaît plus qu'un succès confidentiel. En 2002 et après s'être réconcilié avec Roberto Zanetti, il tente un retour. Mais la sauce ne prendra pas.

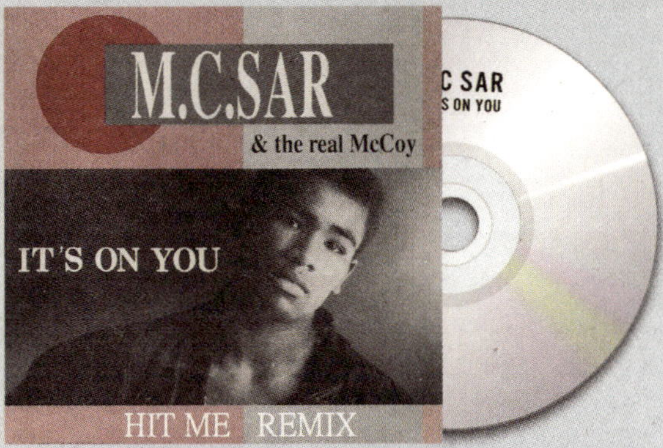

MC SAR
IT'S ON YOU

« It's on you, It's about the time »

À la même époque qu'Ice MC, une autre formation venue cette fois d'Allemagne tente d'établir des ponts entre la culture hip hop et la musique dance. Le groupe Mc Sar & The Real McCoy rassemble Olaf Jeglitza (alias O Jay), Frank Hassas dit Quickmix, Juergen Wind, Shampro et la chanteuse Patsy (de son véritable nom Patricia Petersen). Cette bande de jeunes Allemands formée en 1989 se fait découvrir du grand public en 1990 avec un premier single, *Don't Stop*, bientôt suivi d'un deuxième *It's On You*. Ce dernier connaît un vif succès partout en Europe grâce à un refrain chanté et entêtant. Il est de notoriété publique que les parties rap ont été enregistrées par Olaf Jeglitza, mais c'est Shampro qui est mis en avant et chante en playback dans le clip. Le groupe revient en 1993 sous un nom raccourci, The Real McCoy, et parvient à installer une série de hits dans les clubs : *Another Night*, *Automatic Lover* (1994) et *Run Away* (1994). Tout comme dans le cas d'Ice MC, cette seconde partie de carrière est marquée par l'emploi de sonorités très eurodance. Olaf Jeglitza accepte cette fois d'entrer dans la lumière. Le groupe The Real McCoy se sépare officiellement en 1998.

CECE PENISTON
FINALLY

« Finally it has happened to me »

Cecilia Peniston, alias CeCe Peniston, est née à la fin des années 1960 dans l'Ohio, mais elle a passé l'essentiel de sa jeunesse dans la chaleur écrasante de Phoenix. C'est d'ailleurs là qu'elle se frotte aux concours de beauté et trouve moyen de remporter l'élection de Miss Black Arizona. Mais attention, CeCe, ce n'est pas simplement une jolie plante. Alors qu'elle étudie à l'Université, la jeune femme commence à écrire des poèmes. Le texte de *Finally*, qui fera d'elle une vedette internationale, aurait d'ailleurs été écrit durant un cours de chimie au Phoenix College, alors que la belle se désespère de trouver son âme sœur. Mais l'heure n'est pas encore à la chanson et aux *dance floors*. Il lui faudra même attendre le début de l'année 1991 pour que la chance lui sourie et qu'elle pousse enfin, pour ne pas écrire « Finally », la porte d'un studio d'enregistrement. Une de ses connaissances et amis, le producteur et DJ Felipe « Waxx » Delgado, l'invite à s'installer derrière un micro. Il ne s'agit pas encore d'enregistrer ses propres titres, mais plus simplement des chœurs sur l'album de la rappeuse Overweight Pooch. Le disque de cette dernière ne cartonne pas, mais la voix de Cecilia fait sensation auprès des dirigeants du label. Felipe Delgado se voit ainsi offrir l'opportunité de produire un single solo pour cette jeune choriste débutante. Lorsqu'à l'automne 1991, *Finally* sort dans les bacs, le succès a la bonne idée de ne pas se faire attendre et CeCe Peniston, âgée de 21 ans, n'en croit ni ses yeux ni ses oreilles ! Le titre est diffusé en boucle à la radio et finit par atteindre la première place du Billboard Hot Dance Club Play chart à la fin de l'année. En janvier 1992, la chanson est propulsée à la cinquième place du classement plus généraliste US Billboard Hot 100. Il s'agira du premier et du plus grand succès de sa carrière. Mais comme cela arrive fréquemment sur la planète dance, la version la plus connue et emblématique de *Finally* n'est peut-être pas la version originale, mais en fait un remix, le fameux *12» Choice Mix* réalisé par une énorme pointure de la scène new-yorkaise, l'incontournable David Morales. Le magicien du mix a eu la brillante idée de s'inspirer de la partie piano de *Someday* (1987) de CeCe Roger et fera de ce tube *dance* très américain un véritable standard de la culture club et un titre à la longévité tout à fait exceptionnelle. Les DJ du monde entier sont partis pour mixer le titre durant une bonne décennie, si ce n'est plus. La carrière de Mademoiselle Peniston est lancée. Même si elle ne connaîtra plus de succès à la hauteur de *Finally*, elle est restée une artiste d'envergure internationale dans la dance comme le RNB. Dans le cœur des *clubbers*, une diva des *dance floors*.

2 UNLIMITED
GET READY FOR THIS

« YA'LL READY FOR THIS ? YA'LL READY FOR THIS ? »

2 Unlimited a vendu 22 millions de disques dans le monde et aligné une trentaine de singles, dont quelques incontournables du genre. Aux commandes de ce projet quasi-industriel, on retrouve deux audacieux producteurs belges : Jean-Paul De Coster et Phil Wilde. En 1990, le duo sort un premier disque titré *Don't Miss The Party Line* sous le nom commercial de Bizz Nizz. Les retours sont plutôt encourageants, le single intégrant le top 10 anglais. De Coster et Wilde décident donc de continuer leur collaboration. En 1991, ils composent et enregistrent un morceau instrumental au son venu d'ailleurs : *Get Ready for This* dont les deux gimmicks vocaux sont samplés sur des disques de hip hop (The D.O.C. - *It's*

Funky Enough, 1989, et Derek B - *Good Groove*, 1988). Le son principal est lui trouvé sur *FX & Scratches (Vol. 5)* de Simon Harris. Commercialisé sous le nom d'artiste 2 Unlimited, le « skeud » cartonne auprès des DJ. Mais De Coster et Wilde voient plus grand. Ils envoient une cassette de *Get Ready for This* à un rappeur hollandais avec lequel ils ont précédemment collaboré, Ray Slijngaard, et lui demandent de poser sa voix sur le titre. Mais en écrivant son texte, le jeune homme a l'idée d'incorporer une partie chantée par une fille. Une amie de Ray, Anita Doth, agent de circulation à Amsterdam, rejoint ainsi le groupe. La version dite vocale de *Get Ready for This* devient le premier tube de 2 Unlimited. Suit un autre classique instantané : *Twilight Zone.* Un titre aux accents rave dont l'Orchestra hit (traduction pêche d'orchestre) mythique a été samplé sur le tube *Maria Magdalena* (1985) de l'artiste allemande Sandra. Les troisième et quatrième singles, *The Magic Friend* et *Workaholic*, enfoncent le clou dans la culture pop. Mais ce n'est qu'un début. En 1993, Jean-Paul De Coster et Phil Wilde passent la seconde avec l'album *No Limit* dont l'extrait éponyme devient leur plus grand succès. Plus de 3 millions d'albums sont vendus dans le monde. Si *No Limit* truste les premières places des hit-parades dans une bonne partie de l'Europe, les pays anglo-saxons réservent au double duo Slijngaard et Doth, De Coster et Wilde, un accueil beaucoup plus réservé. Aux États-Unis, le titre se classe discrètement dans le top 25. En Angleterre, le succès populaire est au rendez-vous, mais le côté « commercial » de 2 Unlimited agace à tel point que la presse les surnomme 2 Untalented. Peu importe ce que l'on peut penser de son opulent catalogue de tubes, la formation a indiscutablement marqué son époque, mais aussi grandement participé à la popularisation des sonorités techno dans la production musicale dite *mainstream.*

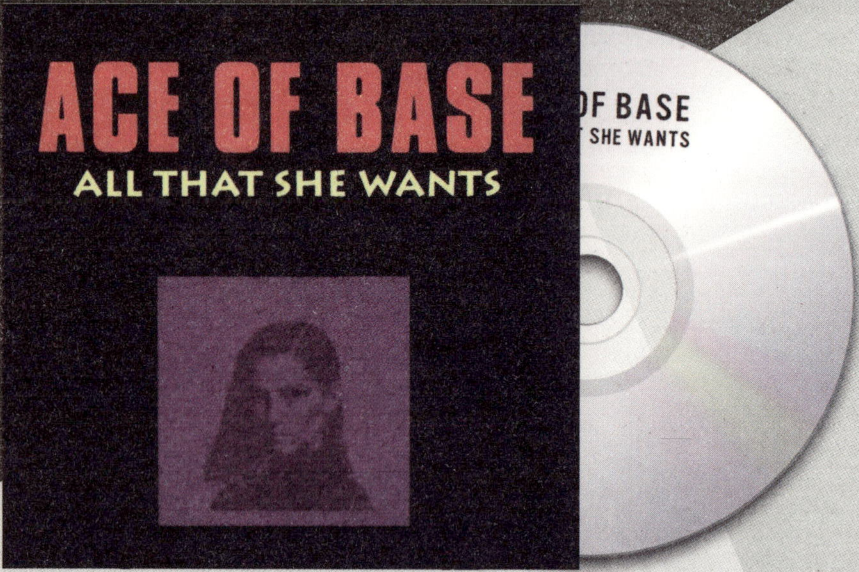

ACE OF BASE
ALL THAT SHE WANTS

« All that she wants is another baby... »

En matière de musique pop, la réussite tient souvent à peu de choses et parfois à une simple panne d'autoradio. En 1992, *All that She Wants* du groupe suédois Ace of Base caresse la génération dance à rebrousse-poil. Ce mélange de reggae et de pop synthétique sur fond de boîte à rythmes surprend l'Europe entière et s'impose dans les clubs comme sur les ondes. Le groupe composé de Linn, Jenny et Jonas Berggren ainsi que d'Ulf Ekberg, envoie une bande démo au producteur compositeur Dag Krister Volle, alias Denniz Pop (Dr. Alban, Britney Spears, Backstreet Boys). Ce dernier prend la peine de l'écouter et son verdict est sans appel : il déteste la chanson. Mais le destin a son mot à dire : la cassette des Ace of Base a la bonne idée de se coincer dans l'autoradio du producteur. Résultat des courses, notre homme est obligé de réécouter la maquette chaque matin en se rendant au travail. Les jours passant, il finit par fredonner l'air et trouver quelques qualités insoupçonnées à la ritournelle. Faisant volte-face, acceptant de travailler avec le groupe et de produire le single, Denniz Pop opère de nombreux changements dans la chanson. Le titre initialement baptisé *The Ace* devient *All that She Wants* et Ace of Base semble bien parti pour marcher dans les pas d'ABBA ou de Roxette. Mais au moment où ils sont sur le point de conquérir l'Amérique du Nord, les Suédois sont en train de vivre un vrai cauchemar. La nuit du 27 avril 1994, la chanteuse Jenny est réveillée avec un couteau sous la gorge. Manuela Behrendt, une fan allemande, s'est introduite dans le domicile de ses parents et exige de rencontrer les autres membres du groupe. La mère de Jenny s'interpose et sera blessée dans l'altercation. Jenny s'en sort en apparence indemne, mais la jeune femme, qui a frôlé la mort, doit faire face au traumatisme causé par cette agression. Il lui faudra plusieurs années pour tourner la page. Pour sa sœur, cet accident de parcours est également un déclencheur. La jolie blonde a été poussée presque malgré elle sous les projecteurs. Contrairement à sa sœur Jenny et à son frère Jonas, Linn Berggren n'a jamais rêvé d'être chanteuse. Elle peine à se faire à sa soudaine célébrité, à l'incessante promotion que lui impose sa maison de disques, et ne pense qu'à retourner à l'anonymat. Elle demande progressivement à être mise en retrait. Sur scène, elle se contente souvent de jouer des claviers et son visage finit même par être volontairement flouté sur les photos promotionnelles. Bien qu'officiellement membre des Ace of Base jusque dans les années 2000, tout semble montrer qu'elle ne participe plus à ce projet de manière active. Bien que désormais un peu oubliés, il n'est pas faux d'écrire que les Ace of Base ont marqué leur époque et inspiré au passage toute une génération d'artistes. Lady Gaga ou encore Katty Perry les citent parmi leurs sources d'inspiration.

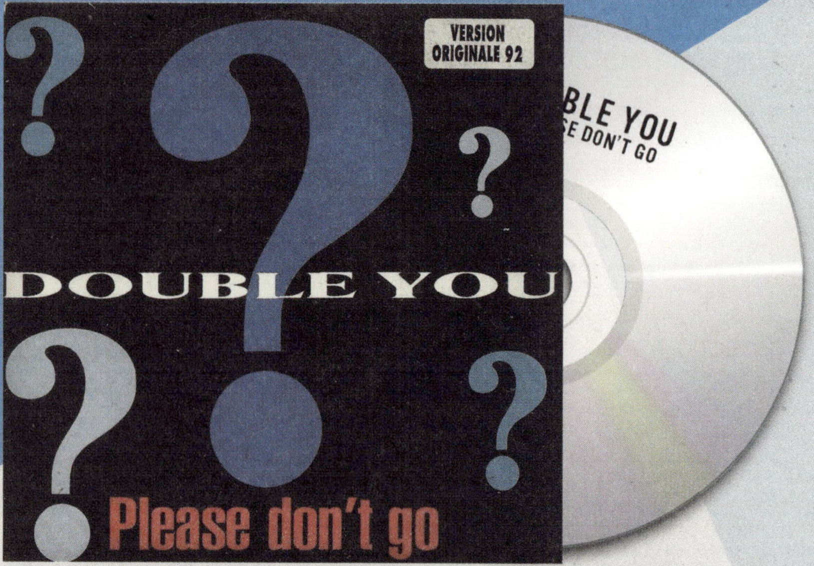

DOUBLE YOU
PLEASE DON'T GO

« Babe, I love you so, I want you to know... »

En 1992, un groupe italien très mystérieusement baptisé Double You crée la surprise avec un premier single qui se classe presque instantanément au sommet des *charts* européens. La formation est née en 1985 en Ligurie (une région d'Italie) à travers la rencontre de deux enfants de la ville portuaire de La Spezia, le claviériste et producteur Franco Amato et le disc-jockey Andrea de Anton, auxquels viendra s'ajouter le chanteur britannique William Naraine. Contrairement aux apparences, ce dernier n'est nullement une pièce rapportée. La future vedette est certes née à Londres, mais d'une mère italienne (le projet Double You lui est par ailleurs dédié). Alors que le succès frappe à la porte de Mr Naraine, il est propriétaire de magasins de vêtements à La Spezia. Tombés entre les griffes du producteur Roberto Zanetti, dit Robyx (notre homme a déjà fait ses preuves en révélant le rappeur Ice Mc), les trois hommes ont une riche idée : enregistrer une reprise de *Please don't Go*, un tube originellement interprété en 1979 par le groupe disco funk américain KC and the Sunshine Band. Extraite de leur sixième album, la chanson est contre toute attente une ballade et n'a pas été écrite pour enflammer les *dance floors*. Mais la mélodie a le mérite de percuter l'esprit et de rester en tête. Pour transformer cette supplique amoureuse en hit des clubs, les Double You n'ont qu'à allumer la radio. En effet, en 1991, un autre groupe italien, East Side Beat, rencontre un succès phénoménal avec une reprise de *Ride Like the Wind* de l'auteur-compositeur texan Christopher Cross. Ce *cover* à la sauce eurodance mise sur un riff de clavier ravageur, joué avec un son d'orgue « percussive » caractéristique des productions de l'époque. Les Double You reprennent la formule et l'ensemble de ses ingrédients à leur compte. À tel point que lorsque le hit est diffusé pour la première fois à la radio, nombre d'auditeurs croient de bonne foi entendre le nouveau single d'East Side Beat ! Le titre, doublement inspiré, devient rapidement disque d'or et de platine en Europe, et finit par s'imposer à l'international comme l'une des chansons « club » marquantes de l'année 1992. La carrière des Double You est lancée et le groupe continue à faire danser la planète plusieurs années durant, notamment avec le deuxième single *We All Need Love* (une reprise de l'artiste canadien Domenic Troiano), puis *Who's Fooling Who* (une autre reprise, cette fois du groupe R&B One Way), *Part Time Lover* (en duo avec la chanteuse Alexia), et enfin *Run to Me*. Un skeud (comme on le disait à l'époque), dont le riff principal rappelle dangereusement le tube new wave *Don't Go* (1982) de Yazoo et qui permet à Franco, Andréa et William d'entamer une tournée triomphale en Amérique du Nord.

ROBIN S.
SHOW ME LOVE

« So baby if you want me, you've got to show me love »

Vous la connaissez peut-être sous le nom de Robin S., mais son véritable nom est Robin Stone. Cette chanteuse afro-américaine que l'on compare souvent à la diva Evelyn « Champagne » King, est née en 1963 à New York dans le quartier du Queens. À l'âge où les petites filles jouent encore à la poupée, la gamine fait déjà sensation en chantant dans les églises. Adolescente, elle commence à se produire à Manhattan. Elle finit par trouver un travail administratif dans un bureau, mais continue à chanter la nuit. C'est justement grâce à cette double vie qu'elle est remarquée par le tandem de producteurs formé par Allan George et Fred McFarlane (un claviériste professionnel qui a œuvré entre autres sur l'énorme tube funk *Somebody Else Guy* pour Jocelyn Brown en 1984). Les deux compères l'invitent à poser sa voix sur un nouveau titre de leur composition : *Show Me Love* (litt. « Montre-moi de l'amour »). Robin n'est pas spécifiquement emballée par cette proposition, mais se dit qu'elle n'a au fond rien à perdre. Malheureusement pour l'interprète, qui sort à peine d'une grippe, l'enregistrement se révèle une expérience éprouvante et frustrante. Plus à l'aise dans les répertoires RnB, soul et pop, l'artiste peine à trouver ses marques sur un beat dance et, pour ne rien arranger, est légèrement enrouée. Le titre est signé en 1990 chez le label britannique indépendant Champion Records, dans un premier arrangement (dit Montego Mix) à la fois dance et funky qui ne rencontre aucun succès. Il faut attendre l'année 1992 pour que la chanson passe entre les mains d'un autre magicien du son. Aidé par le musicien Richard Tomlinson, le DJ suédois StoneBridge remixe le titre en quatre heures seulement. L'arrangement est revu de fond en comble. Le secret de cette nouvelle formule tient à un son d'orgue à l'attaque percutante utilisé en lieu et place de la basse. Ce gimmick musical devient une véritable marque de fabrique. En 1993, de passage à Londres, StoneBridge allume la télévision et découvre dans l'émission *Top of the Pops* que son remix est non seulement devenu un tube, mais qu'il a pris la tête du hit-parade dance UK. À l'âge de 30 ans, Robin Stone, alias Robin S., connaît ainsi la gloire avec un « scud » monstrueux qui secoue tous les *dance floors* de la planète et devient un des hymnes de la house music. La chanteuse enchaîne avec *Luv 4 Luv*, un single qui connaît lui aussi un immense succès en discothèque.

ROZALLA
EVERYBODY'S FREE

« Everybody's Free… to Feel Good… »

Rozalla Miller, dite Rozalla, est née au milieu des années 1960 en Zambie et son goût pour la musique ne date pas d'aujourd'hui. D'après ses parents, la petite fille aurait poussé la voix dès sa naissance. Elle parvient à se faire connaître au Zimbabwe avec un premier tube dont le succès ne dépasse malheureusement pas les frontières du pays. Si sa chanson ne voyage pas, Rozalla va le faire à sa place. En 1988, elle pose ainsi ses valises à Londres et bombarde les maisons de disques de cassettes démo. L'une d'elles atterrit miraculeusement dans la boîte aux lettres de Band of Gypsies, un duo de compositeurs producteurs formé par Nigel Swanston et Tim Cox. Les deux hommes pensent avoir une chanson parfaite pour Rozalla. Ils l'invitent donc à pousser la porte d'un studio d'enregistrement pour poser sa voix sur une piste composée par Tim Cox. Le parolier Nigel Swanston lui propose d'improviser sur la phrase *Everybody's Free To Feel Good*. La jeune artiste s'exécute, répétant la phrase en boucle, et finit par trouver instinctivement le refrain qui fera d'elle une vedette incontestée de la planète dance. Si *Everybody's Free To Feel Good* n'est pas le premier single de l'artiste, le succès que rencontre le tube n'a rien à voir avec celui de ses précédentes tentatives. La jeune femme était d'ailleurs au bord du découragement lorsque la chanson entre dans le Top 10 britannique et se trouve diffusée en boucle à la radio comme dans les discothèques. Rozalla n'en revient pas. D'autant qu'un autre de ses titres, *Are You Ready to Fly*, connaît également le succès en prenant la première place de l'US Hot Dance Club Play et de l'US Billboard Hot Dance Music/Maxi-Singles Sales. Mais les industries culturelles ne sont pas connues pour être particulièrement tendres ni généreuses avec les créateurs et les interprètes. Le label qui a sorti le titre ne lui redistribue que des miettes. Elle ne parvient d'ailleurs jamais à obtenir ses chiffres de vente, ce qui n'est jamais très bon signe. Rozalla finit par signer un contrat avec la firme Sony. Un autre artiste de la maison de disques – et non des moindres puisqu'il s'agit de Michael Jackson – finit par la choisir pour assurer quelques premières parties de sa tournée européenne *The Dangerous Tour*. Malheureusement, les ventes déclinant, ses producteurs décident de rompre son contrat. *Everybody's Free (To Feel Good)* restera toutefois un hymne club remixé à de très nombreuses reprises et reviendra régulièrement se rappeler à la mémoire des *clubbers*. La chaîne MTV Dance classera la chanson à la vingt-quatrième place des cent meilleurs titres dance des années 1990.

JAYDEE
PLASTIC DREAMS

INSTRUMENTAL

En 1992, un titre venu de nulle part s'impose comme un classique instantané de la house music. *Plastic Dreams*, une piste instrumentale au *run time* dépassant les dix minutes, est le tout premier single de Robin Albers, alias Jaydee. Ce DJ est alors connu pour animer *For Those Who Like To Groove*, la toute première émission consacrée à la house music sur une radio nationale aux Pays-Bas. À force de passer les disques des autres, Robin décide de produire le sien. Il prend des cours de piano durant une année et s'achète un ordinateur Atari pour s'essayer à la composition. Une nuit d'août sur le coup d'une heure du matin, alors qu'il rentre d'une fête, notre homme allume ses machines et commence à s'enregistrer. Au petit matin, le titre *Plastic Dreams* est en boîte et ne ressemble à aucun autre. En touchant accidentellement l'extrémité gauche de son clavier pour attraper sa tasse de café, le DJ a déclenché un son de cloche grave et sombre qu'il décide d'utiliser comme un son de basse. La partie d'orgue type Hammond, très free jazz dans l'âme, a été improvisée en utilisant un Yamaha TX81Z, une version économique et sans clavier du légendaire synthétiseur digital DX7 de la même marque. La piste contient quelques défauts manifestes de *quantization* (fonction informatique permettant de recaler les notes au plus près de la pulsation). Les amis de Robin l'invitent à rectifier le tir. Mais le Hollandais estime que ces imperfections contribuent au contraire au côté organique et *groovy* de son morceau. Il se refuse donc à opérer la moindre modification. Gonflé à bloc et persuadé de « tenir un tube », Robin part avec sa cassette frapper aux portes des labels. Les producteurs sont quasi unanimes : plus de dix minutes, c'est définitivement trop. Le futur Jaydee tient bon et réplique qu'avec un morceau de sept minutes, un DJ n'a pas le temps d'aller aux toilettes et de revenir. Ce sens de la répartie propre aux hommes de radio ne l'aide pourtant pas à convaincre ses interlocuteurs. C'est finalement un producteur belge à la recherche d'un dernier titre pour boucler un projet de compilation qui consent à lui prendre le titre, dans une version raccourcie à trois minutes. *Plastic Dreams* est ainsi repéré et commercialisé sous la forme d'un maxi vinyle. Mais au fait, pourquoi un tel titre ? La petite amie de Jaydee, hôtesse de l'air de métier, s'est retrouvée à servir Donald Trump sur un vol. Celui-ci va payer avec une carte bancaire spéciale réservée à l'élite des finances, permettant de faire des achats particulièrement onéreux. De retour sur le tarmac de l'aéroport, elle raconte son périple à Robin qui lui rétorque qu'un jour viendra où il sera lui aussi en possession d'un ces Graal en plastique. Lorsqu'on l'interroge aujourd'hui sur l'incroyable histoire de son *Plastic Dreams*, Robin Albers n'y va pas par quatre chemins. Il faut être ouvert aux critiques, mais si quelqu'un vous dit ce que vous devez faire ou changer, envoyez-le se faire voir. Le conseil est d'autant plus avisé que l'artiste est à l'origine d'un autre coup fumant et d'un autre hit de club de l'année 1997 : *The Sunclub – Fiesta*.

SNAP!
RHYTHM IS A DANCER

« RHYTHM... RHYTHM IS A DANCER »

Le projet Snap ! a été créé par deux producteurs allemands : Michael Münzing et Luca Anzilotti. Le tandem qui a décidé d'œuvrer sous les pseudonymes de Benito Benites et John « Virgo » Garrett III, a fait parler de lui dès le début de l'année 1990 avec un premier single à succès baptisé *The Power*. Ce titre devenu un classique faisait appel au rappeur Turbo B et à la chanteuse afro-américaine Penny Ford. Pour leur deuxième album *The Madman's Retun* (1992), les deux Allemands jouent à nouveau la carte de la collaboration et se tournent une fois encore vers les États-Unis. L'auteur-compositrice-interprète Thea Austin – future chanteuse du tubesque *Can't Get Enough* de Soulsearcher en 1999 – participe à la création des pistes de l'album, dont celle de *Rhythm is a Dancer*. Une *track* dont les arrangements ultra synthétiques, froids et mélancoliques renvoient à la musique techno. Le riff principal de synthétiseur a été emprunté au titre électro funk *Automan* de Newcleus (1984) et soigneusement ralenti. Cerise sur le gâteau : Turbo B est appelé à verser son flow sur le titre. Mais le rappeur s'exécute sans grande conviction. Il l'a depuis crié sur tous les toits : le garçon ne porte pas *Rhythm is a Dancer* dans son cœur. Découvrant les paroles, il aurait même déclaré « *No way am I singing that shit !* » (litt. « Pas question que je chante cette merde ! »). Le label allemand Logic, qui a produit l'album, ne projetait pas de le sortir en single. Mais un test de l'album dans la discothèque Das Omen, un club mythique de Francfort et un des hauts lieux de la house européenne, leur ouvre les yeux. La clientèle des lieux semble afficher une nette préférence pour *Rhythm is a Dancer*. Au grand dam de Turbo, c'est bien ce titre qui défend les couleurs de l'album. Dévoilé le 30 mars 1992, le nouveau son de Snap ! renverse tout sur son passage et prend la tête des ventes de singles en Allemagne, Autriche, Belgique, Suisse, France, Angleterre et Pays-Bas. Aux États-Unis, le groupe reste trente-neuf semaines durant dans le Billboard Hot 100 et atteint la cinquième place. Sur sa lancée, le label Logic tente d'imposer un deuxième extrait de l'album avec *Exterminate*, puis un excellentissime *Do You See The Light (Looking For)*. Ces pistes très novatrices pour l'époque convoquent Niki Haris, une ancienne choriste de Madonna. Les DJ et les connaisseurs apprécient, mais le résultat est loin de connaître le succès populaire de *Rhythm is a Dancer*. Il est toutefois à noter que *Do You See The Light* finit par s'imposer dans les clubs en 2002 grâce à un remix progressif épique titré *Snap! Vs. Plaything Do You See The Light (Looking For)*. Une preuve de plus de l'avant-gardisme du groupe au début des années 1990.

CAPTAIN HOLLYWOOD PROJECT
MORE AND MORE

« More and more and more... »

Lorsqu'il débarque en 1992 dans le sillage du titre *Rhythm is a Dancer* du groupe Snap, Tony Dawson-Harrison, dit Captain Hollywood, a déjà eu plusieurs vies. Né dans le New Jersey, il passe une partie de son enfance dans les rues de New York. Au décès de sa mère, il est abandonné par son père et termine sa course avec sa sœur dans un orphelinat de Détroit. Sans doute pour laisser ce douloureux passé derrière lui, Tony s'engage dans l'armée dès l'âge de 16 ans et s'envole vers l'Allemagne. Son nom de scène lui vient de ses camarades de régiment. Très enjoué, le jeune homme a pris l'habitude de les faire rire en dansant sur la base en tenue d'officier. À la fin de son service militaire, il décide de s'installer pour de bon en Allemagne et devient danseur chorégraphe professionnel. Une activité qui l'amène à travailler pour des artistes de renom tels que Kim Wilde, La Toya Jackson, Paula Abdul ou encore le groupe Milli Vanilli. C'est au tout début des années 1990 que sa carrière connaît un sérieux virage. Dawson-Harrison tape dans l'œil de Ruud van Rijen, un producteur hollandais. Ce dernier est immédiatement séduit par la personnalité de l'Américain, ses aptitudes pour la dance et le rap. Captain Hollywood devient ainsi l'un des membres de Twenty-4-Seven et le tube dance house *I Can't Stand It* le propulse en un claquement de doigts sur le devant de la scène internationale. Mais une brouille avec van Rijen met son avenir sur la sellette. Dawson-Harrison claque la porte, décidé à voler de ses propres ailes. Il forme alors le Captain Hollywood Project dont le premier single *More and more* fait une entrée fracassante dans les *charts*. Ce titre froid et ténébreux a été coécrit par Nosie Katzmann (un compositeur-producteur allemand qui a œuvré sur les cartons *Mr. Vain* et *Got to Get it* de Culture Beat, *Love is All Around* de DJ Bobo ou encore *Right in the Night* de Jam & Spoon). La chanteuse Nina Gerhard est choisie pour interpréter le refrain. Le succès est tel (*More and more* devient n°1 en Allemagne et n°1 du top dance français) que la formule est reprise à l'identique pour un deuxième single tout aussi efficace, sinon plus : *Only with you*. Un artiste en chasse un autre et l'intérêt du public, malheureusement, s'étiole progressivement. Ce qui n'empêche nullement Tony Dawson-Harrison de rester une figure importante de l'eurodance. Il fonde notamment une école en Allemagne, la Captain Hollywood Academy, et travaille régulièrement avec d'autres artistes tels que DJ Bobo ou Haddaway pour mettre au point leurs prestations scéniques. Quant à Nina Gérard, elle s'essaiera à une carrière solo au milieu des années 1990 sous le nom d'artiste Nina. Son single *The Reason Is You* parvient à se hisser à la deuxième place du top dance belge, mais il s'agit a priori de son seul fait de gloire.

FELIX
DON'T YOU WANT ME

« DON'T YOU WANT, DON'T YOU WANT... »

1992 est également l'année de *Don't You Want Me*, tube stratosphérique et surpuissant portant la griffe de Felix. Francis Wright de son véritable nom, est un DJ et compositeur britannique qui a eu l'idée de sampler les parties vocales du succès *Don't You Want My Love* (1989) du trio RNB américain Jomanda. Une première version, dans laquelle le *hook* est joué au piano, est envoyée au label indépendant Hooj Choons qui demande à Mr. Wright de revoir sa copie et de proposer une version alternative. Le DJ décide alors de remplacer le son du piano par un son d'orgue criard qui devient la signature du titre. L'ensemble des éléments du tube étant sur la bande démo, tout va aller très vite. Le titre définitif est enregistré et mixé dans un studio de Londres en un jour et une nuit seulement. Reste que le label ne croit pas vraiment au succès de l'entreprise. Hooj Choons propose en général à ses artistes des contrats pour deux singles. Pour Felix, il ne signera que pour *Don't You Want Me*. Lorsque la chanson sort, la maison de disques expérimente ce que l'on appelle l'effet boule de neige. Le titre, au son très particulier, fonctionne très bien dans les clubs londoniens et finit par se faire remarquer par les Pet Shop Boys. Et il se trouve que ces derniers ont été invités à assurer la programmation de la station britannique BBC Radio 1. Sous le charme, les artistes décident de faire de *Don't You Want Me* leur chanson de la semaine et multiplient les diffusions. Un responsable du label Desconstruction, partie intégrante de la major BMG, découvre Felix et décide de contractualiser avec Hooj Choons qui est désormais propriétaire du master. Propulsé par les équipes marketing de la maison de disques, *Don't You Want Me* explose dans le monde entier. Il devient n°1 en Angleterre et aux États-Unis, et intègre le Top 5 de la plupart des pays européens. Difficile pour autant de savoir combien de disques ont réellement été vendus durant cette période faste, des problèmes légaux ayant empêché d'assurer un comptage précis. Mais l'on estime à plusieurs millions le nombre de copies écoulées. Le 9 novembre 1992, Felix reçoit au Royal Albert Hall de Londres le DMC Award de la meilleure piste house de l'année. Ses futures compositions ne connaîtront jamais un tel succès.

Aux dernières nouvelles, Felix est toujours DJ. Il vit à Los Angeles et s'occupe de son propre label indépendant et *underground*. Mais *Don't You Want Me* continue d'occuper les esprits de ses confrères. Pas moins de trente remixes autorisés sont retrouvés dans le commerce et on compterait une soixantaine de remixes non officiels. En 2011, le DJ star français David Guetta a réactualisé le titre avec la participation du rappeur Snoop Dogg dans le single *Sweat* qui connaît à son tour un succès mondial.

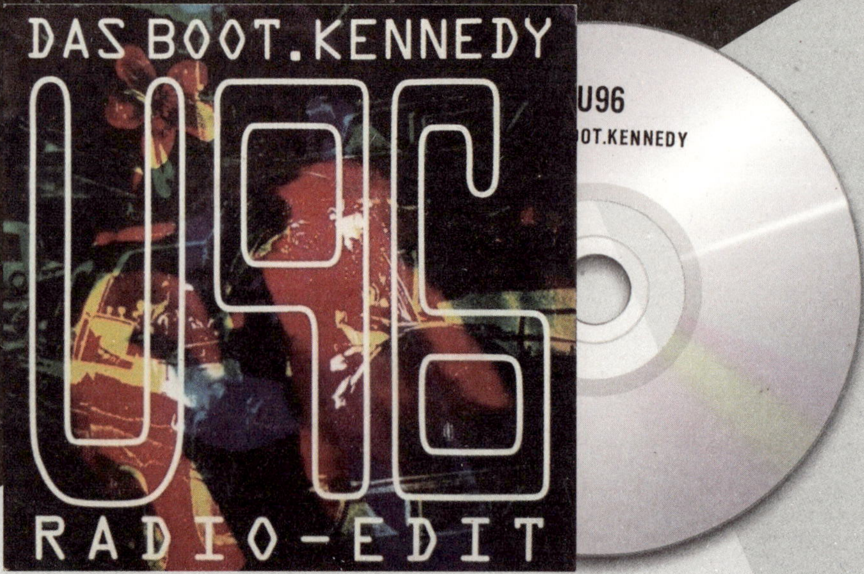

U96
DAS BOOT/KENNEDY

« I WANNA BE A KENNEDY »

U96 est un groupe de musique électronique allemand formé au tout début des années 1990 par le DJ producteur Alex Christensen (qui œuvre par la suite dans le projet d'eurodance ATC) et par l'équipe de production Matiz composée d'Ingo Hauss, Hayo Lewerentz et Helmut Hoinkis. La formation connaît son premier succès dans son pays d'origine avec le single *Das Boot* qui emprunte la mélodie composée par Klaus Doldinger pour la bande originale du film éponyme (*Le Bateau*/*Das Boot*). Cette référence toute cinématographique conditionne également le nom d'artiste choisi par les jeunes Allemands. Le film réalisé en 1980 par Wolfgang Petersen relate l'histoire du sous-marin U96 durant la Seconde Guerre mondiale. Alex, Ingo, Hayo et Helmut décident ainsi de se faire appeler U96. Il est de notoriété publique que Klaus Doldinger fut particulièrement contrarié de voir son œuvre transformée en track techno (à l'époque, U96 opte pour une musique électro tranchante et sans grandes concessions). Cependant, la fille du compositeur qui sait, elle, apprécier les musiques électroniques et cette nouvelle version, finit par lui ouvrir l'esprit et le faire changer d'avis. Un deuxième single *I Wanna Be a Kennedy* sorti en 1992 installe U96 sur la scène électro européenne. Ce morceau doit lui aussi son existence à un hit existant. Il emprunte le *hook* synthétique d'un classique de la new wave *Fade to Grey* (1981) du groupe britannique Visage. Il faut attendre un *mashup* (on parlait à l'époque de megamix réunissant *Das Boot* et *I Wanna Be a Kennedy*) pour que les U96 connaissent un succès plus large. Ce titre composite, baptisé *Das Boot/Kennedy*, reste à ce jour le morceau phare du groupe. Publié l'année suivante, l'album *Replugged* livre une nouvelle ration de titres remarquables. Le premier extrait de ce LP, *Love Sees no Colors*, s'il n'est pas à proprement parler un grand hit en France, connaît une vive popularité en Allemagne, en Autriche, en Suisse et plus étonnamment en Espagne. *Night In Motion*, autre extrait de l'album, séduit également une partie du public et devient même un tube en Israël. En 1994, *Love Religion* s'approprie la célèbre ligne de basse de *The Chase* de Giorgio Moroder (le fameux thème du film *Midnight Express*) et pousse U96 à la mue. Les Allemands ont tourné progressivement le dos à la techno radicale de leurs débuts et se sont assagis au point d'opter pour des sonorités plus eurodance et commerciales. Rétrospectivement, l'épopée musicale d'U96 a accompagné l'évolution des musiques électroniques allemandes et fut, dans une partie de l'Europe du Nord, une formation de premier plan, tandis que leur succès fut plus anecdotique dans le reste du monde.

CULTURE BEAT
MR. VAIN

« Call him Mr. Raider call him Mr. Wrong »

Si je vous dis Culture Beat, nombre d'entre vous risque de me répondre *Mr. Vain* et *Got to get it*. Deux titres monumentaux qui ont marqué l'année 1993. Pourtant, l'histoire que je vais vous raconter débute quatre ans plus tôt. Culture Beat n'est initialement pas un groupe, mais un projet dance créé en 1989 par Torsten Fenslau, le DJ du club allemand de légende Dorian Gray situé à Francfort. Plusieurs artistes différents se succèdent dans la discographie de Culture Beat. Tout commence par l'artiste de cabaret Jo van Nelsen, puis cela se poursuit avec le rappeur américain Jay Supreme et la chanteuse allemande Lana E. En 1993, cette dernière abandonne le navire et se trouve remplacée par l'Anglaise Tania

Evans à laquelle succède en 1997 l'Américaine Kim Sanders. L'année suivante, au tour de Jay Supreme de quitter l'aventure. Culture Beat n'est depuis plus représenté que par une seule voix : celle de la Britannique Jackie Sangster. Bref, l'histoire du projet est difficile à suivre. D'autant plus, dirais-je, que son initiateur Torsten Fenslau meurt tragiquement et en pleine gloire dans un accident de la route à la fin de l'année 1993. C'est son jeune frère Frank qui prend sa succession et produit notamment l'album *Inside Out* (1995) dont est extrait le hit éponyme. Mais n'allons pas trop vite et revenons en 1993. Culture Beat, c'est alors la sublime Tania Evans, Jay Supreme et une track « Bulldozer » dont la *bassline* exprime à elle seule toute la rigueur allemande. Cette ligne, donnant l'impression d'être martelée au pistolet à clous, va devenir une véritable signature. Dans les clubs, lorsque la basse synthétique et mécanique de *Mr. Vain* se fait entendre, l'hystérie gagne les pistes de danse. L'Allemagne, terre d'origine de Culture Beat, est la première à crier au génie. Le reste du monde ne tarde pas à suivre. Signe des temps : en Angleterre, *Mr. Vain* est le premier single n°1 des ventes à ne pas avoir été fabriqué et proposé au public en 45 tours. Si les DJ privilégient toujours le vinyle et les maxi 45 pour concocter leurs mix, le grand public plébiscite désormais le Compact Disc 2 titres et le son digital. Pour l'industrie musicale, une page se tourne. La même année, *Got to Get It*, deuxième extrait de l'album *Serenity* et nouveau succès phénoménal, confirme le règne de Culture Beat et celui du son allemand sur la planète eurodance. Chose relativement rare en ce qui concerne la scène eurodance : le projet parvient à renouer avec le succès en 1995, notamment avec le single *Inside Out*. On ne va pas se mentir, comme le disait si bien Valéry Zeitoun, la production de *Mr. Vain* et de sa descendance, très à la mode à l'époque, a un peu vieilli. Ce qui n'empêche pas la chaîne MTV de classer le hit de culture beat à la soixante-cinquième place des cent plus grands hits dance des années 1990.

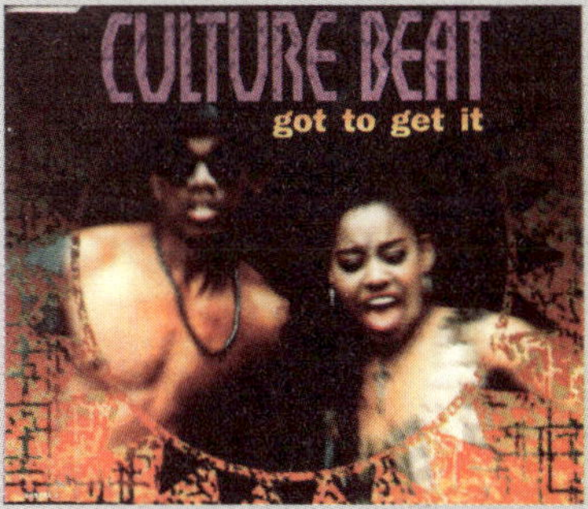

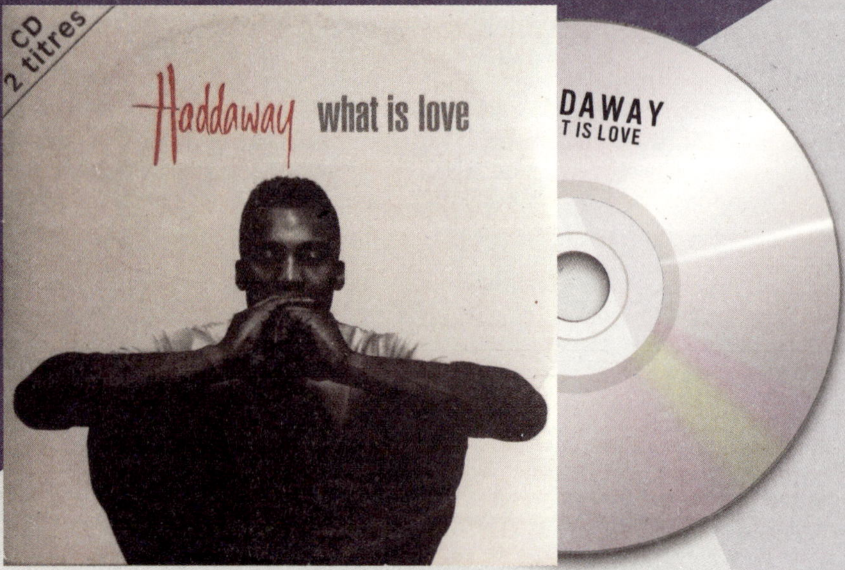

HADDAWAY
WHAT IS LOVE

« Baby don't hurt me, don't hurt me, no more »

L'année 1993 voit les débuts flamboyants d'un jeune artiste nommé Nestor Alexander Haddaway. Cet interprète est né en 1965 à Trinidad, au sud des Caraïbes. Le petit Nestor n'a que 5 ans lorsque ses parents divorcent. Il vit un temps avec son père en Europe, puis rejoint sa mère aux États-Unis. Le jeune homme se passionne pour Duke Ellington, apprend à jouer de la trompette et participe à des groupes de fanfare. En 1987, il entame des études de médecine, mais le cœur n'y est pas. Celui qui deviendra Haddaway aux yeux du monde décide de tout plaquer et de mettre le cap sur l'Allemagne. Plus précisément sur la ville de Cologne où il trouve un emploi de barman. C'est là qu'il finit par se faire remarquer par un couple de producteurs de haut vol, Tony Hendrik et sa femme Karin Hartmann, qui le signent sous leur label Coconuts Records. Le tandem est en quête d'une voix pour une chanson de leur composition, mais qu'ils ont signée sous les pseudonymes de Dee Dee Halligan et Junior Torello. Nestor tombe à pic, mais l'enregistrement du futur tube lui réserve une drôle de surprise. Hendrik et Hartmann lui demandent en effet d'interpréter la chanson à la façon de l'artiste britannique Joe Cocker. Nestor Alexander Haddaway, quelque peu surpris et déstabilisé par la requête, préfère rejeter l'idée. « *J'aime beaucoup Joe Cocker, mais je ne suis pas Joe Cocker* », lance-t-il à ses producteurs. Ces derniers consentent à lui laisser une chance d'enregistrer le titre comme il le sent. Contre toute attente, le résultat les séduit. Tony Hendrik s'enferme plusieurs jours et nuits durant dans son studio pour créer les arrangements et mixer *What is Love*. Le secret du succès repose en grande partie sur un riff d'orgue rock mémorable (sans doute un *preset* d'un rompler de marque Roland), une basse synthétique sonnant très FM et un *sample* vocal féminin extrait d'une librairie sonore commercialisée par Zero-G. Haddaway, Tony Hendrik et Karin Hartmann ne le savent pas encore, mais ils viennent d'accoucher d'une œuvre intemporelle. *What is love* fait partie de cette poignée de titres d'eurodance qui n'ont pas pris une ride et se révèlent, plusieurs décennies après leur sortie, toujours aussi actuels. En un mot, un classique ! Le public ne s'y trompe pas. La chanson cartonne dans toute l'Europe et se classe à la première place des tops de ventes en Allemagne, France, Espagne, Italie, Belgique, Finlande, Suisse ainsi qu'aux Pays-Bas et en Norvège. Mais le meilleur reste à venir puisque *What is love* finit par conquérir le marché américain. En 1998, la très célèbre émission *Saturday Night Live* permet même à la chanson de connaître un *revival* anticipé en devenant la bande-son d'un sketch récurrent hilarant avec les acteurs comiques Chris Kattan et Will Ferrell. Cette nouvelle vague de succès fait définitivement entrer cette production allemande dans la pop culture américaine. Un film de cinéma, *A Night at the Roxbury* (1998), est même produit. *What is love* fait bien entendu partie de la bande originale.

DR. ALBAN
SING HALLELUJAH

« The beat, the rhythm, the bass, y'all come on »

Non ! Amir, le représentant de la France au concours de l'Eurovision en 2016, n'est pas le seul chirurgien-dentiste à s'être fait un nom dans la chanson. Dans les années 1990, un certain Alban Nwapa, Suédois d'origine nigérienne, accède au vedettariat sous le nom d'artiste Dr. Alban. Pour financer ses études de médecine, le jeune homme a l'opportunité de devenir DJ à l'Alphabet Street, une discothèque à la mode de Stockholm. Son signe distinctif ? Le futur médecin a l'habitude de chanter sur les disques qu'il passe, ce qui lui assure une certaine notoriété auprès de la clientèle. Le futur Dr. Alban a déjà contracté les virus de la musique et de la nuit, mais il n'est pour autant pas question de s'enflammer.

Il termine d'abord brillamment ses études, décroche son diplôme et ouvre même un cabinet dentaire. Quand vient la nuit, il tombe la blouse blanche et range les fraises pour retourner mixer en club. Il finit par faire une rencontre déterminante au début des années 1990 en croisant la route du producteur Denniz Pop (Ace of Base). Alban enregistre en duo avec la rappeuse suédoise Leila K (pour Laila El Khalifi) un premier single titré *Hello Afrika* qui connaît une réelle popularité dans les pays d'Europe du Nord et en Suisse. Mais son succès international ne vient que deux ans plus tard avec le tube *It's My Life*. Cette chanson, produite par le magicien du son Denniz Pop, propulse définitivement le dentiste dans le monde du showbiz. Elle finit même par être utilisée pour une publicité pour la marque Tampax (ce qui, j'en suis sûr, vous en bouche un coin). La belle histoire ne s'arrête pas là, puisque Dr. Alban enchaîne les hits. Ce sera d'abord *One Love*, mais surtout *Sing Hallelujah* en 1993. Un rythme disco, un riff piano à l'italienne, des choristes déchaînées entraînent ce titre d'eurodance vers la Gospel House. Il s'agit sans doute de son single le plus mémorable. S'ensuit une nouvelle série de tubes l'année suivante : les excellents *Look Who's Talking*, *Away From Home* et *Let the Beat Goes On*. Malheureusement, sur la planète eurodance, rien n'est fait pour durer, la renommée de l'artiste décline de *track* en *track*. Et les efforts concédés pour raccrocher les wagons et les tendances musicales du moment, le sont en vain. Durant la durée de sa carrière musicale, Alban aura tout de même réussi l'exploit de vendre cinq millions d'albums, six millions de singles et d'accrocher au mur de son appartement sept disques d'argent, trente disques d'or et autant de disques de platine. Des statistiques qui laissent sans doute bien des artistes d'aujourd'hui rêveurs.

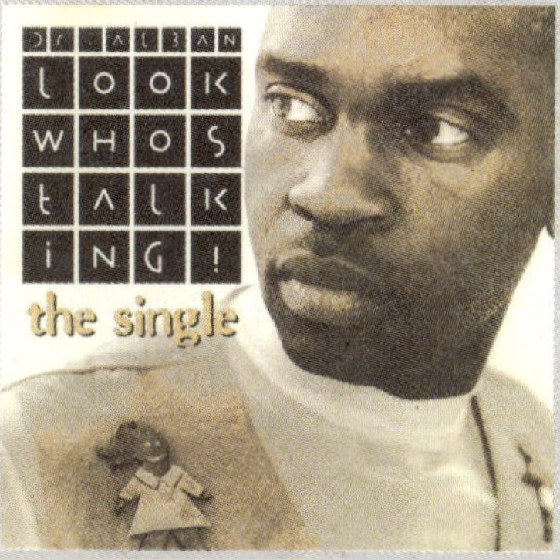

CYGNUS X
THE ORANGE THEME

Instrumental

Au début des années 1980, Matthias Hoffmann est sur le point de terminer ses études au lycée lorsqu'il découvre le chef-d'œuvre de Stanley Kubrick *Orange mécanique* (1971). Le film ne ressemble à rien de ce qu'il a déjà vu et la bande originale le cloue à son fauteuil. Devenu dix ans plus tard un compositeur de musique trance reconnu, le jeune Allemand forme avec son compatriote Ralf Hildenbeutel le tandem Cygnus X. En 1993, la première composition titrée *Superstring* enflamme les clubs du Royaume-Uni, mais les deux passionnés de musique électronique, coincés en Allemagne, peinent à se rendre compte de leur succès. Après un deuxième single, *Positron*, la même année, Matthias

Hoffmann cherche une nouvelle idée, lorsqu'un morceau de la bande originale d'*Orange mécanique* lui revient en tête. Le musicien saute sur son piano et retrouve le thème à l'oreille. Inspiré par cette progression harmonique étrange donnant l'impression de tourner en boucle et de ne jamais s'arrêter, il utilise des synthétiseurs Roland et Oberheim pour créer une version techno trance séquencée sur un Atari ST. Hoffmann l'ignore, mais le thème qu'il vient de reprendre n'a pas spécifiquement été composé pour le film de Stanley Kubrick. Il s'agit en fait du morceau *Music for the Funeral of Queen Mary* du compositeur britannique Henry Purcell (1659 – 1695). Le groupe Cygnus X n'apprendra en fait que bien des années plus tard l'affiliation de leur titre avec le compositeur baroque en lisant un article dans un magazine. Quoi qu'il en soit, le titre est emballé en moins de trois heures. Il est baptisé avec simplicité *The Orange Theme* et sort sous le label allemand EyeQ. À l'époque, si la trance music connaît un très vif succès dans les discothèques, le courant reste très *underground* et quasi-expérimental. Les *clubbers* savourent ces tempos élevés et ces phrases synthétiques répétitives, mais ne connaissent le plus souvent pas le nom des artistes ou des *tracks* sur lesquels ils se déhanchent. Reste que le ténébreux *Orange Theme* marque les esprits des DJ qui jouent le titre des années durant. À l'instar de quelques autres disques comme *Café del Mar* d'Energy 52, sorti la même année, *The Orange Theme* devient un des classiques du genre. Ce qui explique l'existence d'un nombre conséquent de remix. Dans les années 2000, la trance étant devenue non pas plus mainstream, mais plus populaire, quelques-unes de ces nouvelles versions parviennent même à se hisser dans les charts et le top des ventes. Bref, que vous soyez comme moi un vieux de la vieille ou un(e) jeune loup(ve) des clubs, que vous sortiez dans les discothèques les plus branchées de la Capitale ou dans les clubs de province, il y a de fortes chances pour que vous ayez dansé sur Cygnus X – *The Orange Theme*. Pour vous en assurer, je vous recommande donc d'aller tendre une oreille sur YouTube.

REEL 2 REAL
I LIKE TO MOVE IT

« I Like to Move It… Move It… »

Erick Morillo fut un grand nom de la house music et une figure pour le moins respectée de l'industrie musicale. Ce DJ producteur et compositeur d'origine colombienne, né à New York en 1971, fait danser la planète en alignant les skeuds et les succès de discothèques. Mais il est essentiellement connu du grand public pour le tandem Reel 2 Real. Un projet pour lequel il forme un duo avec un rappeur, Mark Quashie, dit The Mad Stuntman. Reel 2 Real produit ses premiers disques en 1992 sous le label de renom Strictly Rhythm, *The New Anthem*, mais surtout *Go on Move*, une piste qui jette les bases d'un tube à venir, *I like To Move It*. Ce mélange de hip-hop, de ragga léché par une « fat bass » très house garage, est plébiscité par les stations de radio et les DJ. La chanson cartonne un peu partout dans le monde et devient n°1 en France. Un quatrième single, *Can you Feel It*, enfonce le clou. Mais Erick Morillo voit ce succès commercial d'un mauvais œil. Soucieux de conserver son image d'artiste respectable et *underground*, il tourne rapidement la page et se concentre sur le *Djing* mixant notamment et régulièrement du côté d'Ibiza. En 1997, il lance son propre label, Subliminal Records, qui ne tarde pas à gagner ses lettres de noblesse. Dans la prolifique discographie de Morillo, on retient en particulier deux titres : *Dancin* (2003) et surtout *Believe* (2011), une tuerie gospel house interprétée par la diva Jocelyn Brown publiée par le collectif Ministers De-La-Funk. Ces deux grands classiques de la musique house ultra-diffusés en club peinent toutefois à gravir les marches des hit-parades. Contre toute attente, la carrière d'Erick Morillo bascule durant l'année 2020 lorsqu'on apprend que le DJ a été convoqué par la police de Miami suite à des accusations d'agression sexuelle. La plaignante affirme qu'en décembre 2019, lors d'une fête privée et après avoir repoussé à plusieurs reprises les avances de l'artiste, elle s'est réveillée nue dans son lit. Morillo nie les faits, mais les analyses ADN pratiquées après le dépôt de plainte plaident contre lui. L'affaire connaît un ultime et dramatique rebondissement le 1er septembre 2020. Trois jours avant son procès, Erick Morillo est retrouvé mort à son domicile de Miami Beach. Restées dans un premier temps indéterminées, les causes du décès ouvrent la voie aux plus folles spéculations. La police craint un règlement de compte, mais écarte presque aussitôt la piste. L'autopsie révèle en effet que le producteur américain est décédé d'une overdose de kétamine. La vedette des *dance floors* avait 49 ans. Après la disparition de Morillo, plusieurs autres jeunes femmes déclarent avoir été victimes de harcèlement sexuel de sa part. Sur les réseaux sociaux, les contre-hommages répondront aux hommages.

CORONA
THE RHYTHM OF THE NIGHT

« This is the rhythm of the night... The Night... »

Le single *The Rhythm of the Night* de Corona est sans discussion possible un des plus grands tubes des années 1990. De la Bretagne au Languedoc-Roussillon, de New York à Berlin, le public qui se trémousse sur les pistes de danse est persuadé que l'interprète de ce titre eurodance entêtant est une jolie Brésilienne répondant au doux prénom de Corona. Il n'en est rien. Ce projet malicieux a en réalité été initié par un célèbre DJ et producteur italien, Francesco Bontempi, plus connu sous le pseudonyme de Lee Marrow. C'est sa compatriote Jenny B, de son véritable nom Giovanna Bersola, qui est appelée à enregistrer le titre en studio. Mais cette jeune chanteuse sicilienne d'origine sénégalaise reste dans l'ombre.

Francesco Bontempi préfère miser sur la beauté exotique d'une certaine Olga Souza. Ce top model et accessoirement danseuse brésilienne est ainsi priée de faire du playback dans le clip et sur les plateaux de télévision. Cette arnaque manifeste n'est en rien un cas isolé dans l'univers de la musique pop. Est-il besoin de rappeler l'affaire Milli Vanilli ou le cas de Black Box ? Giovanna Bersola prête d'ailleurs à la même époque sa voix au mannequin polonais Marta Simlat qui sort quelques tubes sous le nom d'artiste J.K. (*Don't You and I* en 1994). Deux faits sont toutefois incompréhensibles dans ce cas d'école. Mademoiselle Bersola, la vraie Corona donc, ne souffre aucunement d'un physique disgracieux. Il s'agit même d'un joli brin de fille qui aurait parfaitement pu assurer la promotion du titre. Secundo, lorsqu'ils lancent la commercialisation du single, les producteurs ne prennent même pas la peine de mettre Olga Souza sur la pochette, préférant utiliser une photo de la *skyline* de Manhattan. Le destin se mêle même de l'affaire. Quelques mois après le triomphe de *The Rhythm of the Night*, un autre titre monopolise les ondes radio : *The Summer is Magic* de la mystérieuse artiste Playahitty. À bien des égards, la chanson rappelle *The Rhythm of the Night*, en particulier l'interprétation et la voix de la chanteuse. Et pour cause : il s'agit encore une fois de Giovanna Bersola. Pour ajouter à la confusion, les nouveaux titres de Corona (dont *Baby, Baby*, le deuxième single) sont interprétés par une autre chanteuse, la Britannique Sandra Chambers. Vous n'y comprenez plus rien ? Je vous rassure, moi non plus ! Enfin si, ce que je comprends, c'est que nous nous sommes une fois de plus fait avoir !

Playahitty – The Summer is Magic (1994), le véritable deuxième tube de la vraie Corona.

PIN-OCCHIO
PINOCCHIO

Instrumental

Le single *Pinocchio* enregistré par le mystérieux groupe Pin-Occhio est une bizarrerie notoire qui prouve à elle seule que, dans les années 1990, le succès ne tenait pas à grand-chose et qu'à peu près n'importe quel titre pouvait se transformer en hit des clubs. Derrière Pin-Occhio, il y a deux Italiens : Nicola Savino et Marco Biondi. Les compères ont une idée complètement folle : remixer le thème composé par le pianiste Fiorenzo Carpi pour le feuilleton *Les Aventures de Pinocchio* réalisé en 1972 pour la télévision italienne par Luigi Comencini. Cette mélodie enfantine et entêtante est enregistrée et orchestrée de façon ultra minimaliste avec un simple piano type dance (sans doute issu du synthétiseur Korg M1, en tout cas la machine était connue pour ce type de son particulier). Le tout est accompagné d'un *Kick* écrasant martelant tous les temps de la mesure. Le concept est en réalité inspiré d'un titre existant qui réservait le même sort ou presque à la mélodie du jeu *Tetris*. La musicalité du résultat est discutable, mais le single *Pinocchio* fait « délirer » – comme on le disait alors – les clubbeurs qui le transforment en succès commercial. Mais un deuxième titre sort quelques mois plus tard, confirmant la popularité du tandem. Il s'agit de *Tu Tatuta Tuta Ta* qui utilise de nombreux éléments du titre new wave *Living on Video* (1983) de Trans-X. C'est à cette même époque que sortent en France des singles reprenant avec plus ou moins de grâce des génériques de dessins animés, tels *Capitaine Flam* réinterprété par les Belges Pleasure Game (*Le dormeur doit se réveiller, Le Petit Chien qui fume*), *L'Île aux enfants* de Casimir ou même *Darla dirladada*, une chanson folklorique grecque popularisée en France par le film *Les Bronzés* (le fameux *Viens nous voir à Galaswinda*). Celle-ci se verra reprise par les Go Culture, appellation derrière laquelle on retrouve une fois de plus la petite bande de Pleasure Game.

WHIGFIELD
SATURDAY NIGHT

« Saturday night, I feel the air is getting hot... »

Sortie en 1992 en Italie, la chanson *Saturday Night* fait de Sannie Charlotte Carlson une artiste très en vue. Cette chanteuse née au Danemark au début des années 1970 prend le pseudonyme de Whigfield en hommage à un de ses anciens professeurs de musique. Son succès, Mademoiselle Carlson le doit non pas à son pays d'origine, mais à une figure de l'industrie musicale italienne. Un certain Alfredo Pignagnoli, dit Larry Pignagnoli. Notre homme est connu pour avoir de l'oreille et du nez. Ce découvreur de talents, producteur et auteur, est à l'origine de nombreux succès d'envergure. Durant les sacro-saintes *eighties*, alors que l'italo disco règne sur les pistes de danse et dans les discothèques, il offre à la chanteuse Spagna les tubes *Easy Lady* et *Call Me*. Il saute presque immédiatement dans la flaque de l'eurodance, produisant Benny Benassi, les Benassi Bros, Ann Lee ou encore le projet J.K. La chanson, écrite en trois jours, est enregistrée à la hâte. Sannie Carlson n'a droit qu'à une vingtaine de prises en studio, après quoi l'ingénieur du son découpe sa performance pour réaliser un composite des meilleures phrases. Le producteur est satisfait, mais un problème se pose. Sur les marchés internationaux, aucune maison de disques ou label n'est intéressé ou ne se porte volontaire pour publier le titre. Le salut vient finalement d'Espagne et d'un petit label de Valence, Prodisc. Peu à peu, le virus Whigfield se répand en Europe. *Saturday Night* est n°1 des hit-parades espagnols à la fin de l'année 1993, devient un tube au Royaume-Uni durant l'été 1994 et termine sa course n°1 des ventes en septembre. Le disque atteint les États-Unis en 1995. Mais le destin réserve une autre surprise à la chanteuse danoise et à son producteur : deux plaintes pour plagiats sont déposées. Selon les ayants droit, *Saturday Night* reprend les mélodies du titre *Rub a Dub* enregistré en 1969 par le groupe britannique The Equals (il vrai que les analogies entre les premières phrases des deux chansons sont troublantes) ainsi que du titre *Fog On The Tyne* (1971) de Lindisfarne. Ces allégations sont finalement considérées comme infondées et aucun procès n'a lieu. Mais il est en revanche avéré que la chanson utilise des samples de *One More Mission* (1980) de Rocket (le fameux « coin coin coin » de l'introduction) et une boucle de batterie issue d'*Amen Brother* (1969) de The Winstons.

Une autre controverse finit par voir le jour et fait encore aujourd'hui débat. Certains observateurs pensent en effet que le titre est en fait interprété par la chanteuse de studio Annerley Gordon (alias Ann Lee), une fidèle collaboratrice d'Alfredo Pignagnoli. Annerley a d'ailleurs écrit de nombreux titres pour Whigfield et la pratique de substitution d'interprètes est très courante en Italie et en Allemagne à cette époque.

CAPPELLA
MOVE ON BABY

« Move On Baby… Move On Baby »

Contrairement à l'idée reçue et largement partagée, Cappella n'a jamais véritablement été un groupe ni même un projet d'eurodance, mais plutôt une marque développée de façon astucieuse et quasi industrielle par l'Italien Gianfranco Bortolotti. Cet ancien disc-jockey devenu un brillant homme d'affaires est à l'origine d'une véritable usine à tubes, une structure baptisée Media Records composée d'un label et de plusieurs studios d'enregistrement. Les premiers disques estampillés Cappella tombent dans les bacs à la fin des années 1980 sans faire grand bruit en France. Quelques années plus tard, afin de mieux promouvoir ses productions, l'Italien décide de donner à Cappella un visage.

Pour ce faire, il caste le rappeur Rodney Bishop et la chanteuse Kelly Overett. Celle-ci n'a pas participé à l'enregistrement de l'album qu'elle a à promouvoir, mais ce menu détail ne semble pas poser de problème particulier à son producteur. Chez Bortolotti, les artistes sont par nature interchangeables, seuls les noms restent. Et la formule semble même plébiscitée par le public, puisque le single *U Got 2 Let the Music* extrait de l'album *U Got 2 Know* rencontre un vif succès sur tout le continent européen et particulièrement au Royaume-Uni, en Suisse et en Autriche. Il faut dire que la chanson reprend en partie un tube existant (*Sounds Like a Melody* du groupe allemand Alphaville). Tout le génie de Bortolotti est là. Il s'agit d'un titre que l'on connaît avant de l'avoir entendu. Un deuxième succès conséquent au « Hook » mémorable, *Move on Baby* (1994), permet à Cappella d'atteindre les *charts* américains. La chanson, alors interprétée en playback sur scène par Kelly Overett, a en fait été enregistrée par la chanteuse gospel britannique Eileina Dennis. Les versions sans partie rap sont jouées des mois durant par les DJ de la planète entière. Mais Bortolotti est aussi un personnage haut en couleur. En 1995, des journalistes de la chaîne M6 font le déplacement jusqu'à Brescia pour tourner un reportage sur Media Records qui doit être diffusé en *prime time* dans le cadre de l'émission *Capital*. Bortolotti, qui vient de rompre ses contrats avec Kelly Overett et Rodney Bishop, y voit sans doute l'occasion de présenter au public français leurs remplaçants qu'il vient de *caster* à Londres : Alison Jordan et Patrick Osborne. Mais cette opération de communication providentielle tourne à la catastrophe médiatique. Dans les images diffusées à heure de grande écoute le 21 mai 1995, Gianfranco Bortolotti et ses méthodes de production apparaissent sous un très mauvais jour. Le pompon est décroché lorsque l'homme d'affaires exhibe un enregistrement vidéo du casting de l'Anglaise Alison Jordan. Focalisé sur la poitrine de la jeune femme, Bortolotti commente, hilare : « *Tu vois pourquoi on l'a choisie, on a été impressionné par ses yeux* ». La prestation loupée du businessman horrifie les jeunes fans français et écorne sévèrement l'image de Cappella en France qui n'apparaît plus que comme un montage commercial.

LA BOUCHE
SWEET DREAMS

« SWEET DREAMS OF RHYTHM AND DANCING... »

Au milieu des années 1990, la dance commerciale a le vent en poupe. Les groupes phares de ce mouvement alignent tube sur tube. C'est par exemple le cas de La Bouche, un nom d'artiste qui cache en réalité un duo composé du rappeur américain Lane McCray et de la chanteuse Melanie Janene Thornton. Mais La Bouche, c'est aussi et peut-être surtout un coup monté de toutes pièces par un producteur qui n'en est pas à son premier succès. L'Allemand Frank Farian est en effet à l'origine de Boney M ou Milli Vanilli. Leur premier single, *Sweet Dreams*, rappelle subtilement (comprendre, juste assez pour ne pas déclencher un procès) le titre éponyme d'Eurythmics. Leur troisième titre *Be My Lover* cartonne dans toute l'Europe et permet même à La Bouche de s'exporter un an plus tard aux États-Unis. Le point fort de la formation, contrairement à la plupart des artistes dance de l'époque (et à la plupart des artistes produits par Farian) : Melanie Thornton et Lane McCray sont capables de mettre le feu à la scène en chantant en *live*. La belle histoire se termine de la plus tragique des manières. Melanie perd en effet la vie dans un accident d'avion en Allemagne en novembre 2001, alors qu'elle rentrait de promotion pour son single solo *Wonderful Dream*.

MASTERBOY
FEEL THE HEAT OF THE NIGHT

« Feel the heat of the night… Everything's alright… »

En 1994, alors que leur tube *Feel The Heat of the Night* submerge les ondes radio, le groupe Masterboy n'en est plus à son coup d'essai. Tout commence en 1989 par la rencontre du DJ rappeur allemand Tommy Schleh, plus connu sous le nom de DJ Klubbingman, et d'un musicien nommé Enrico Zabler. Après avoir enregistré leur premier album, les deux compères décident de recruter une de leurs connaissances, une chauffeuse de taxi d'origine suisse nommée Beatrice Obrecht. Cette dernière change de nom pour devenir Trixi Delgado, la chanteuse et co-compositrice du groupe. Le duo devenu trio est paré pour l'ascension des *charts*. Les hits *Got to Give It up* (1993) et *Everybody Needs Somebody* (1993) ouvrent la voie à leur plus grand succès, *Feel the Heat of the Night*. En 1996, le départ de la chanteuse et son remplacement par Linda Rocco amorcent une forme de disgrâce. Trixi tente de son côté de se lancer dans une carrière solo, un temps sous le pseudonyme de La Tour. Ses efforts restent vains. Masterboy est toutefois ressuscité par ses membres fondateurs au début du nouveau millénaire avec un single inédit et une reprise de *Feel The Heat of The Night*. Une résurrection passée totalement inaperçue en France.

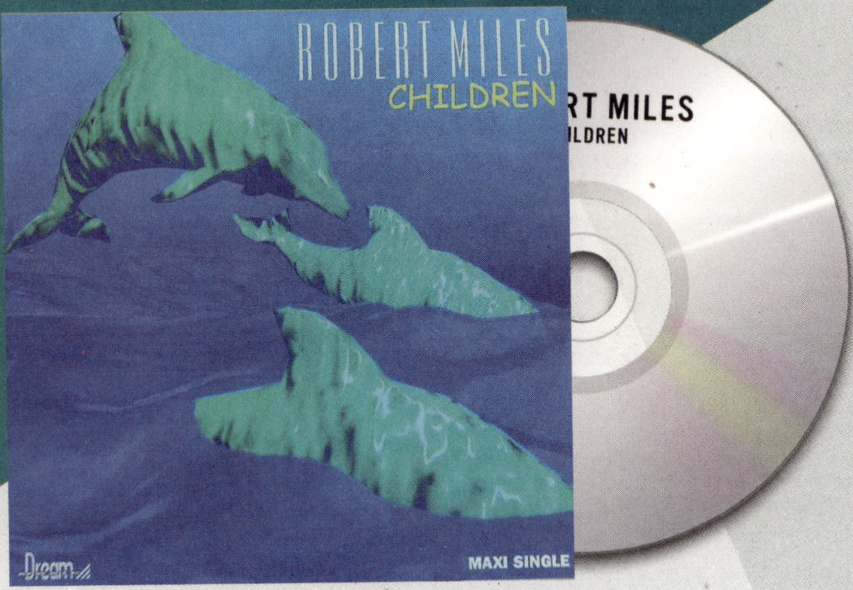

ROBERT MILES
CHILDREN

INSTRUMENTAL

En 1994, un jeune DJ et producteur nommé Robert Miles est à l'origine d'un sous-courant très éphémère baptisé dream music ou dream trance. La dream, comme on disait alors, se démarque par une mélodie aux accents mélancoliques jouée avec un *preset* de piano et des basses pénétrantes répondant à contretemps aux battements de la mesure. Le tout est subtilement noyé dans les nappes synthétiques et les gimmicks propres aux productions trance de l'époque. Derrière le pseudonyme américanisé de Robert Miles se cache en réalité un artiste italien : Roberto Concina, né en 1973 à Fleurier en Suisse, qui s'est fait connaître à la fin des années 1980 en mixant dans les clubs. Il monte sa propre structure d'enregistrement à l'aube de la décennie suivante et c'est avec son imparable single *Children* qu'il connaît un succès international. Notre homme aurait composé le titre après que son père, Albino Concina, militaire de carrière, lui a ramené d'une mission humanitaire en ex-Yougoslavie une série de photographies d'enfants victimes de la guerre. La légende veut que Roberto, bouleversé par ces clichés, ait composé le morceau dès le lendemain et l'aurait enregistré en une seule nuit. Mais au moment où il s'affaire à la construction de son futur hit, Robert Miles caresse un objectif très particulier. Il cherche à composer un titre lui permettant de terminer ses mix en apaisant la clientèle des clubs, dans l'espoir de réduire le nombre d'accidents de la route qui, chaque dimanche matin, font des dizaines de morts dans toute l'Europe. L'histoire ne dit pas si Roberto Concina est parvenu à ses fins. Dans un premier temps, le succès se veut très local et limité à quelques régions d'Europe, mais rapidement ce son nouveau s'impose dans les *charts* et les classements de vente. *Children* devient disque de platine en France (où il reste n°1 pendant onze semaines), en Suède, en Allemagne, en Norvège et au Royaume-Uni. Face au raz-de-marée, sa maison de disques sort le single sur le marché américain où il rencontre là aussi un vif succès. *Children*, enregistré avec le dérisoire budget de 250 dollars, se vend à plus de 6 millions d'exemplaires dans le monde. Appâtés par le succès, quelques producteurs et musiciens reprennent la formule avec plus ou moins de réussite. Maurizio D'Ambrosio, dit Mephisto, est l'un des premiers à exploiter le filon. Le tandem allemand Zhi-Vago (Claudio Mangione et Gottfried Engels) se porte aussi volontaire avec *Celebrate the Love*. Mais la mode de la dream retombe pratiquement aussitôt.

KRISTINE W
FEEL WHAT YOU WANT

« YOU JUST FEEL WHAT YOU WANT IT TO BE »

L'Américaine Kristine W, née Kristine Elizabeth Weitz, est considérée dans les pays anglo-saxons comme l'une des plus grandes divas de la house music. Originaire de l'État de Washington, la petite Kristine a grandi dans une famille de musiciens. Sa mère, Donna Lee, est chanteuse de jazz et guitariste. Sa grand-mère lui apprend le piano dès son plus jeune âge. À 9 ans, l'enfant prodige ajoute le saxophone à son arc. Très vite, ses talents d'artistes sont sollicités, elle chante dans les églises et les chorales comme soliste. Comme si cela ne suffisait pas, Kristine est belle comme un cœur ! Elle finit par remporter haut la main le concours de Miss Washington. Après avoir participé à l'élection de Miss

America, la jeune femme décide de suivre ses rêves musicaux et met le cap sur Las Vegas. Elle se produit sur la scène de l'hôtel Hilton avec tant de régularité qu'elle bat le record du nombre de spectacles donnés à l'année. Après avoir décroché plusieurs fois le prix Las Vegas Entertainer of the Year, elle est reconnue par l'État du Nevada qui fait officiellement de chaque 28 juin le jour Kristine W. Le président du label britannique Champion Records, de passage à Vegas, découvre l'artiste, tombe sous le charme et s'empresse de lui tendre un contrat. C'est à Londres qu'elle enregistre son premier single *Feel What You Want*. La musicienne coécrit la chanson avec Rob Dougan et Rollo (Faithless). Ce titre house presque ténébreux coïncide avec la mort de son beau-père. Lorsque *Feel What You Want* sort en 1994, la chanteuse prend la tête des hit-parades américains et anglais. Son succès paraît d'autant plus phénoménal qu'une bonne partie de l'Europe boude le tube. En France, mis à part les DJ les plus au fait de l'actualité musicale, personne ne connaît Kristine W. Très rapidement, *Feel What You Want* devient un hymne de la communauté LGBT, et son interprète une icône. En 1996, *Land of the Living* et *One More Try*, deux singles issus de son premier album, réitèrent l'exploit de *Feel What You Want*. Mais à l'opposé des artistes jetables de l'eurodance, la diva prend son temps et ne sort son deuxième album *Stronger* que quatre ans plus tard. Malheureusement, sa carrière connaît un sérieux coup d'arrêt. Quelques mois après la sortie de *Stronger*, l'artiste se révèle être souffrante. Le diagnostic est sans appel : Kristine W est atteinte d'une leucémie aiguë myéloïde. Ses chances de survie sont estimées à 30 % seulement. C'était sans compter sur la personnalité hors-norme de la diva. Elle subit une transplantation de moelle osseuse le 11 septembre 2001 et écrit les titres de son troisième album sur son lit d'hôpital. Bien qu'elle ne soit inexplicablement connue dans l'Hexagone que par une poignée d'initiés, l'œuvre de Kristine W, ses textes forts et sa house exigeante font de l'artiste une incontournable et l'une des rares femmes à avoir développé une longue carrière dans la musique électronique, en partie grâce à la fidélité de la communauté gay.

SCOOTER
HYPER HYPER

« Hyper ! Hyper ! »

Enregistré dans un studio d'Hanovre, *Hyper Hyper* est officiellement le deuxième single de Scooter. Il s'agit cependant du titre qui lance la carrière de ce collectif allemand dans toute l'Europe. Le concept est très fortement inspiré d'un tube underground *Annihilating Rhythm* (*Do you love your hardcore?*) concocté dans la marmite des Écossais Ultrasonics, mais peu importe. Le recyclage éhonté ne fait-il pas partie intégrante du développement des musiques électroniques ? Le tempo rapide (cent soixante battements par minute), le son happy hardcore assumé et une voix de DJ haranguant la foule et récitant une liste de noms de DJ (des *samples* de public en liesse ont été ajoutés pour donner l'illusion que le single a été enregistré en live) ne ressemble à rien de ce qui est alors diffusé en club. La sauce prend jusque dans les contrées les plus latines. *Hyper hyper* cartonne en France et se classe même n°1 des clubs en Espagne. Scooter réutilise cette formule gagnante avec un deuxième succès, *Move Your Ass !* (litt. Bouge ton cul !). Mais progressivement, la notoriété du groupe se déporte vers les pays scandinaves et d'Europe de l'Est. Scooter n'en reste pas moins l'un des groupes allemands les plus capés de l'Histoire avec trente millions de disques vendus et quatre-vingts disques d'or et de platine.

THE BUCKETHEADS
THE BOMB

« These Sounds Fall into My Mind »

Si Kenny Dope Gonzalez forme avec Little Louie Vega le tandem Masters at Work, notre homme n'est pas hostile aux aventures solos. La preuve ? En 1994, il enregistre sous l'appellation The Bucketheads un des titres les plus explosifs de l'année 1995, une chanson qui ne porte que trop bien son nom : *The Bomb*, sous-titrée *These Sounds Fall into My Mind* (litt. ces sons tombent à l'intérieur de mon esprit). Il s'agit en réalité d'une hallucination auditive, car l'essentiel du matériel audio (dont le *hook* vocal) qui constitue le tube a été samplé sur une chanson produite en 1978 par le groupe Chicago, *Street Player*. Les paroles originales sont en fait *Street sounds swirling through my mind...* (litt. les sons de la rue tourbillonnent dans ma tête). Mais l'attaque de la boucle coupée à la hache pousse à la méprise. La chanson emprunte également son intro à un disque existant, *The Preacher Man* (1993) de Green Velvet. L'usage d'un échantillonneur EMU SP1200, couplé à un AKAI S 950, donne à ce curieux exercice une texture 12-bits particulière qui révèle les limites techniques de la machine. En matière de son, il n'est pas rare que les contraintes et défauts liés à un outil deviennent sa signature et sa principale qualité. Le mix original s'étale sur pratiquement quatorze minutes, une aubaine pour les DJ qui peuvent se permettre d'aller se rafraîchir au bar en cours de soirée. Une version plus compacte, dite *radio edit*, ramenée à trois minutes et des brouettes, permet au titre d'entrer en rotation sur les plus grandes stations.

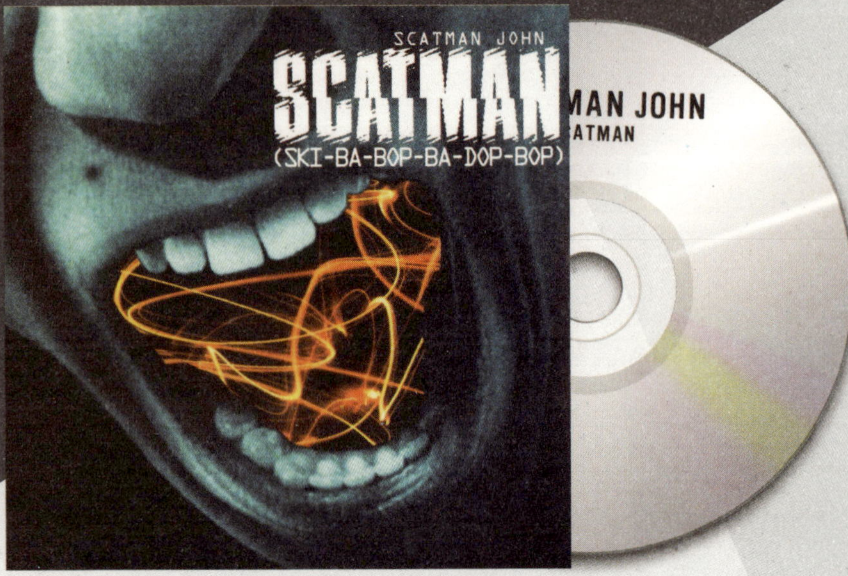

SCATMAN JOHN
SCATMAN

« I'M A SCATMAN, SKI BA BOP BA DOP BOP »

Vous le connaissez sous le nom de Scatman John ou Scatman, mais son véritable nom est John Paul Larkin. Cet artiste né en Californie au début des années 1940 connaît un destin peu ordinaire. Son parcours parsemé d'embûches impose le respect et attire instantanément la sympathie. Le petit John souffre dès qu'il commence à parler d'un trouble de la parole particulièrement invalidant. Il bégaiera toute sa vie. Mais l'enfant trouve très vite une échappatoire à ce handicap. Il apprend le piano, découvre le jazz et devient musicien professionnel. C'est en écoutant les disques d'Ella Fitzgerald et de Louis Armstrong qu'il découvre le scat. Un exercice vocal qui permet d'utiliser la voix comme un instrument de musique en remplaçant le texte par des onomatopées. L'art du scat est réputé difficile, mais John découvre que son bégaiement est son meilleur atout. Il devient ainsi pianiste de jazz professionnel et spécialiste du scat. Mais sa carrière musicale aux États-Unis peine à décoller. En 1990, John et sa femme Jenny décident de changer d'air, de tenter leur chance en Europe et plus précisément en Allemagne. À Berlin, il trouve un agent (Manfred Zähringer) et commence à se produire comme pianiste dans les grands hôtels. Il gagne alors la coquette somme de mille dollars par semaine. Zähringer, découvrant l'étonnant talent de John Paul Larkin pour le scat, tente sans succès de le placer sur des productions jazz. Lui vient alors une drôle d'idée. L'agent décroche son téléphone et appelle l'artiste : « *Tu vas me tuer*, lui dit-il, *mais pourquoi on n'essaierait pas de faire du scat rap ?* ». Larkin trouve le concept amusant. Il n'est pas le seul : la maison de disques BMG RCA basée à Hambourg mord à l'hameçon. *Scatman (Ski Ba Bop Ba Dop Bop)*, mélange improbable d'eurodance, de rap et de scat, sort dans les bacs en 1995 et rencontre un succès phénoménal. John Paul Larkin est appelé à se produire partout en Europe ainsi qu'au Japon. Devenu à 50 ans passés l'idole des jeunes, Larkin n'en revient pas. Lorsqu'il monte sur scène, des dizaines de milliers d'adolescents scandent son nom durant plusieurs minutes, l'empêchant de débuter sa chanson. Suit un album, *Scatman's World*, dont l'extrait éponyme a lui aussi été plébiscité dans les clubs. Au final, Scatman John décroche dix-huit disques de platine et quatorze disques d'or. Mais la médaille a un revers. Son succès dans le petit monde de l'eurodance a complètement éclipsé sa carrière de jazzman. L'artiste n'a donc pas « percé » dans son domaine de prédilection, mais dans la pop music. Un constat dont Larkin aurait quelque peu souffert. Soucieux de transmettre un message positif aux jeunes gens souffrant comme lui de bégaiements, il fonde la Scatland Foundation. Malheureusement, il décède des suites d'une maladie en 1999 dans sa maison en Californie. « *Whatever God wants is fine by me... I've had the very best life. I have tasted beauty* » (litt. Tout ce que Dieu veut me convient... J'ai eu la meilleure vie. J'ai goûté à la beauté), déclarera-t-il à ses proches. Au-delà de ses qualités d'artistes et de l'originalité de son œuvre, ce que l'on nommait Scatman John est resté un exemple.

NIGHTCRAWLERS
PUSH THE FEELING ON

« Push the Feeling On… »

En 1992, Nightcrawlers (litt. les insectes rampants de la nuit), un groupe formé à Glasgow autour du chanteur et DJ John Reid, tente une percée dans le monde la musique. Les Écossais ont signé avec 4th & Broadway, un label d'Island Records, mais c'est rapidement la désillusion. Leur premier single *Living Inside a Dream* passe littéralement inaperçu. Leur deuxième single, *Push the Feeling On*, entre furtivement dans les *charts* britanniques, mais rencontre à son tour un flop. Découragée par ces deux tentatives infructueuses, la maison de disques préfère jeter l'éponge et rompre le contrat. Les Nightcrawlers se retrouvent sans label et leurs espoirs sont anéantis. Ils ne le savent pas encore, mais le succès va venir de la face B de leur deuxième maxi 45 tours. Le DJ américain Marc Kinchen, dit MK, a été invité à produire un remix du titre et le résultat est une version « dub » qui n'a plus grand-chose à voir avec l'original. Si *Push the Feeling On* était un titre de dance lente aux accents disco, le remix de Kinchen opte pour une *bassline* jouée à l'orgue à la Robin S (le fameux son issu du Korg M1, le synthétiseur le plus vendu de l'Histoire de la musique). Mais cette resucée ne devient pas instantanément un tube. À l'époque, les DJ résidents réservent ce type de *track* aux sonorités pointues aux débuts de soirée. Avant l'arrivée du gros de la clientèle, il n'est pas question de gâcher des cartouches alors que la piste est presque vide. Dans de nombreuses discothèques, le « avant minuit » devient le royaume de la face B et des nouveautés méconnues. Mais les vrais clubbers, ceux qui viennent pour la musique, débarquent souvent de bonne heure et finissent par plébisciter le titre. Un tel succès se veut progressif et se fera sur la durée. Il faut pratiquement deux ans pour que le titre décolle et que la maison de disques se rende compte de sa méprise. Une nouvelle version du remix de Marc Kinchen, sortie en 1995, permet à *Push the Feeling On* de prendre les *charts* d'assaut. Le groupe écossais est prié de suivre le mouvement. Le remix dub de Kinchen devient le premier single de leur premier album *Lets Push It.* Le groupe a donc été sauvé des eaux et de l'oubli par une face B et un remix qui resteront dans l'histoire de la musique club. Selon les classements des magazines spécialisés *Mixmag* et *DJ Magazine*, mais aussi de la chaîne MTV, *Push the Feeling On* fait partie des cent titres majeurs de l'Histoire de la dance.

Au fil des années, le tube des Nightcrawlers et Marc Kinchen a fait l'objet de nombreux remix et reprises. On peut entendre des emprunts dans le remix de Rihanna *Don't Stop the Music* signé par Bob Sinclar en 2008 ou dans *Hotel Room Service* (2009), un des tubes du rappeur américain PitBull. Plus récemment, AJ Tracey featuring MoStack a fait de *Push the Feeling On* le sample principal de son titre à succès *Dinner Guest* (2020).

20 FINGERS
SHORT DICK MAN

« DON'T WANT A SHORT DICK MAN ! »

Depuis quelques années déjà, une stupéfiante vidéo postée sur les réseaux sociaux alimente régulièrement le buzz. On peut y voir une ravissante artiste interpréter une chanson aux paroles pour le moins inconvenantes (*Don't want a short dick man*, litt. je ne veux pas d'un homme avec un petit zizi), et ce devant un public en grande partie composé d'enfants. Cette scène incongrue, généralement accompagnée des hashtags #Cringe ou #gênance, a été enregistrée au milieu des années 1990 à la télévision brésilienne. Il s'agit d'un extrait d'une émission destinée à la jeunesse présentée par la vedette locale Xuxa (prononcez Chou-cha). Fort heureusement, le titre étant interprété en langue anglaise, les petits Brésiliens qui assistent avec une joie communicative au spectacle n'ont pas la moindre idée du sens de la chanson. L'artiste embarquée malgré elle dans ce grand moment de n'importe quoi n'est autre que Gillette. De son vrai nom Sandra Navarro Gillette, ce joli brin de fille est né dans le New Jersey d'un père mexicain et d'une mère portoricaine. Quelques mois plus tôt, elle travaillait comme réceptionniste dans une clinique, mais le destin l'a mise sur la route d'un collectif d'artistes et producteurs House de Chicago, 20 Fingers (Carlos « Charlie Babie » Rosario, Manfred « Manny » Mohr, JJ Flores et Onofrio Lollino). Cette joyeuse bande de copains semble prête à tout pour marquer l'Histoire de la musique de leur empreinte, y compris en jouant la carte de la provocation. Manfred Mohr a donc l'idée de *Short Dick Man*, un titre house dans lequel une jeune femme se moque de la taille du pénis de ses prétendants. JJ Flores, qui se trouve être une connaissance de Sandra Navarro Gillette, lui propose de l'enregistrer. Découvrant la nature du projet, cette dernière hésite un peu et craint de ne pas assumer une si périlleuse mission. Mais l'idée de renverser la vapeur – permettre à une artiste femme de sexualiser les hommes dans une chanson – est séduisante. Elle finit donc par accepter en prenant soin de ne pas en parler à ses parents. Sans doute espère-t-elle que cette expérience ne sortira pas des clubs et du milieu du Djing. Mais il en va tout autrement puisque *Short dick Man* devient un succès international, spécifiquement en France et en Italie où le titre accède même au sommet des hit-parades. En ce qui concerne les plus puritains marchés anglo-saxons, la chanson ne va pas être tout à fait la même. Pour avoir une chance d'entrer en rotation sur les radios, le groupe 20 Fingers est contraint d'enregistrer une nouvelle version dans laquelle le mot *dick* (zizi) est soigneusement remplacé. La chanson devient ainsi *Short Short Man*. Mais la manœuvre continue contre toute attente d'alimenter la polémique, une partie des auditeurs pensant que le titre stigmatise les personnes de petite taille. Gillette continue sa carrière séparément, notamment avec le titre *Mr. Personnality* dans lequel la chanteuse affiche une misandrie tout aussi délicieuse.

FAITHLESS
INSOMNIA

« I CAN'T GET NO SLEEP... »

En 1993, l'artiste Rowland Armstrong, dit Rollo, fait la connaissance d'une jolie blonde, Ayalah Deborah Bentovim (alias Sister Bliss), dans un magasin de disques de Londres. Les jeunes gens ont beaucoup en commun, ils sont musiciens et se sont déjà fait un nom. Rollo est le cocréateur du carton *Don't you Want Me* de Felix, tandis que Sister Bliss est une DJ pionnière de la scène house et electro britannique. Ces deux-là sont faits pour s'entendre. En sortant de la boutique, ils décident de regarder le film *Blade Runner*, puis fument un peu d'herbe et fabriquent leur premier morceau commun. Le destin met sur leur route un rappeur bouddhiste, Maxwell Alexander Fraser, dit Maxi Jazz.

Le groupe Faithless est constitué. Vient un premier single, *Salva Mea*, puis un deuxième, *Insomnia*, produits et publiés par Cheeky, le propre label de Rollo. L'originalité de Faithless, qui mélange rap, slam et musique électronique, est unanimement saluée par les DJ et les connaisseurs. Mais leurs premiers succès artistiques restent bloqués dans l'*underground*. Les radios, ne sachant pas trop dans quels catégorie ou genre classer les titres, et ces derniers présentant des structures sans refrain, se refusent à les diffuser à l'antenne. Il faudra une année pour qu'*Insomnia* connaisse enfin le succès commercial qu'il mérite et devienne par la même occasion un classique indémodable du genre. Contrairement à l'idée partagée, le texte écrit et parlé par Maxi Jazz ne lui a pas été inspiré par ses propres insomnies. L'interprète est même connu pour dormir comme un loir. La thématique lui a été soufflée par Sister Bliss. La jeune femme, à force de traîner ses baskets dans les clubs de la Capitale, souffre en effet de quelques troubles du sommeil et a l'impression de connaître un *jetlag* permanent. *Insomnia* a été composé à partir d'une ligne de basse proposée par Rollo, sur laquelle Bliss a composé un riff clavier entré dans l'Histoire. Ce « hook » incroyable a été joué avec un son de Pizzicato Hit synthétique provenant du synthétiseur rompler Roland JD-800. Une sonorité que Rollo affectionnait particulièrement et qui inspirera par la suite de nombreux artistes à l'image du trio allemand Sash ! pour le tube *Encore une fois*. La carrière de Faithless est définitivement lancée. De 1996 à 2004, la formation livre pas moins de six albums et un autre single monumental, *God Is a DJ*. Le groupe n'est officiellement dissous qu'en 2011, après avoir livré des albums de remix et un ultime Live Act à Londres. Chacun reprend sa route. Celle de Maxi Jazz se termine le 23 décembre 2022. L'artiste s'est paisiblement éteint dans son sommeil. *Insomnia* reste dans les mémoires comme un monument, un hymne pour plusieurs générations de *clubbers*, et continue plusieurs décennies après sa création d'être joué par les DJ ou remixé. En 2003, les lecteurs du magazine anglais *Mixmag* le classent cinquième meilleur disque de tous les temps.

GALA
FREED FROM DESIRE

« My love has got no money, he's got his strong beliefs »

Gala Rizzatto a marqué l'Histoire de l'eurodance et, plus étonnamment, du football. Le single *Freed from Desire*, extrait de son premier album *Come Into My Life*, fait sensation sur les pistes de danse, mais également dans les tribunes des stades. La chanson est entraînante et les paroles relativement simples à retenir (*Na na na na na naaa na…*). Il n'en faut pas plus pour que la chose se transforme en hymne pour supporters. Le Bohemian F.C. de Dublin, en Irlande, est le premier club à s'approprier le tube. Les joueurs de l'équipe de France de football en font un chant de victoire lors de la Coupe du Monde 2022 organisée au Qatar. À l'origine de *Freed from Desire*, il y a une jeune auteure-compositrice italienne vivant dans le très célèbre quartier populaire de Brooklyn, mais aussi une drôle d'histoire. Gala, née à Milan en 1975, quitte l'Italie à l'âge de 17 ans pour étudier les arts à Boston. Elle finit par devenir photographe et s'installe dans la ville qui ne dort jamais, le phare de la civilisation moderne, New York. Dans cette jungle urbaine, la jeune Européenne découvre le *melting-pot* états-unien, côtoie à la fois l'extrême pauvreté et l'extrême richesse. La chanson *Freed from Desire* lui permet d'exprimer son ressenti : le bonheur et l'amour ne sont pas des questions d'argent, mais de conviction. Mademoiselle Rizzatto enregistre une première version de son futur hit en s'accompagnant à la guitare et décide d'envoyer une cassette audio aux producteurs du label italien Do It Yourself. À l'instar de *Born to be Alive*, le monument disco du Français Patrick Hernandez, *Freed from Desire* n'a donc pas été composé comme un morceau dansant. Mais la petite a fait mouche, les producteurs sont séduits et, alors que l'été pointe le bout de son nez, Gala Rizzatto est sommée de rentrer en Italie pour enregistrer dans un studio professionnel. Dans les mains expertes de Maurizio Molella et Phil Jay, *Freed from Desire* change de visage et devient un « skeud » eurodance calibré pour les clubs et les radios. L'Italienne est propulsée en un claquement de doigts sur le devant de la scène. Seulement voilà : inexpérimentée et abandonnée dans le panier de crabes de l'industrie musicale, quelque peu dépassée par les événements, Gala Rizzatto signe ses premiers contrats d'artiste à la hâte. Si son succès est mondial, elle n'en tire au final pas d'énormes bénéfices. Elle continue d'ailleurs à ce jour son parcours d'artiste indépendante depuis New York où elle réside. En 2016, Gala Rizzatto enregistre à Paris une version acoustique du tube, définitivement plus proche de la version originale qui figure sur la bande originale du film *Un Homme à la hauteur* avec Jean Dujardin. L'Italienne n'en démord d'ailleurs toujours pas : son *Freed from Desire* n'est pas un simple hit des clubs, mais une chanson engagée, une œuvre à message.

EDDIE AMADOR
HOUSE MUSIC

« NOT EVERYONE UNDERSTANDS HOUSE MUSIC... »

Né en Arizona en 1967 et fraîchement débarqué dans la jungle urbaine de Los Angeles, Eddie Amador, un ancien étudiant en ingénierie mécanique, se fait connaître à tout juste 30 ans avec un titre de deep house très minimaliste, mais paradoxalement à message. La recette de ce succès club tient d'un assemblage tout sauf savant, d'une boucle de batterie empruntée à *Feels So Right* (Original Mix, 1993) et d'un riff jazzy joué au piano électrique samplé sur *Together Forever* (1982) d'Exodus. Cette mixture très « Back to Roots » et au son *underground* le propulse de l'*underground* californien au sommet des hit-parades. Un vol plané qui n'aurait pas été possible sans une rencontre fortuite. À force de traîner ses guêtres dans les magasins de disques de Melrose, Eddie croise la route de Robert, un sans domicile fixe qui rode dans les échoppes. L'homme est connu des commerçants pour écouter les disques sans jamais rien acheter. Entendant Robert chantonner sur les vinyles qu'il essaye, le DJ a soudain une idée démente. Il propose au SDF de poser sa voix sur sa première composition, sobrement titrée *House Music*. Robert accepte et revient le lendemain. Eddie lui tend une feuille de papier où sont griffonnées des paroles : « *Not everyone understands house music. It's a spiritual thing, a body thing, a soul thing* » (litt. tout le monde ne comprend pas la musique house. C'est quelque chose de spirituel, quelque chose de corporel, quelque chose qui a un rapport avec l'âme). Les deux sbires s'isolent dans les toilettes du disquaire pour enregistrer le texte avec un simple enregistreur à cassettes portable. Le fruit de leur labeur, soigneusement déposé sur les boucles samplées par Amador, prend des airs de manifeste. Le titre *House Music* est un hommage savoureux aux pionniers de la house music, un hit fait de bric et de broc, magnifié par une voix arrachée à la rue. Difficile de sonner plus juste et vrai. Le filtrage du riff de Piano suffit à donner au morceau la progressivité et les variations nécessaires. Même dans ses versions les plus longues, *House Music* semble se soustraire à l'ennui et à la répétitivité. Ce premier tour de force signe pour Amador un début de carrière brutal. *House Music* atteint le sommet des classements d'une vingtaine de pays dans le monde. Le DJ s'empresse de transformer l'essai avec un nouveau titre, *Rise*, basé sur un *sample* de *Just Believe* (1993) de Hardrive. Ce second jet ne connaît toutefois pas le succès commercial et inattendu de *House Music*. Reste qu'Eddie Amador impose sa signature et met ses talents au service du gratin de la pop internationale : Madonna, Yoko Ono, Alanis Morissette, Jason Derulo ou encore Donna Summer.

ALICE DEEJAY
BETTER OFF ALONE

« Do you think you're better off alone ? »

Si vous pensiez qu'Alice Deejay était une jeune femme nommée Alice, vous risquez d'être un peu déçu. Il s'agit en réalité d'un collectif qui s'est formé aux Pays-Bas. Pronti (Sebastiaan Molijn) et Kalmani (Eelke Kalberg) sont deux disc-jockeys qui officient dans une petite discothèque. Mais les deux amis ne se contentent pas de passer les disques des autres. Dans l'arrière-salle de la boîte, ils se sont installé un petit studio et fabriquent en 1997 un premier titre *Distortion Of The Senses*. Le patron de l'établissement est leur premier fan. Le monsieur ayant quelques connaissances dans le milieu, il fait ainsi venir DJ Jurgen pour le présenter à ses DJ. Jurgen est séduit et sera l'un des premiers DJ à jouer leur disque.

Mais il leur fait également rencontrer les producteurs du groupe Vengaboys qui les entraînent dans leur tournée. Sous les ailes de Danski et Delmundo (les Vengagoys, donc), leur carrière musicale est sur la bonne voie. Mais c'est surtout un chagrin d'amour qui va être le point de départ de la création d'Alice Deejay. La petite amie de Sebastiaan Molijn vient de le quitter, le jeune homme est effondré et décide de noyer son chagrin dans la musique. La phrase « *Do you think you're better off alone ?* » (litt. penses-tu que tu es mieux seul ?) lui vient en tête. Pronti et Kalmani conçoivent ainsi un titre techno mélancolique à la mélodie accrocheuse et dédié à cet amour finissant. Le futur tube est un instrumental. Mais alors qu'ils procèdent au mixage, Sebastiaan Molijn se met à chantonner. Il convient avec Eelke que leur œuvre se prête aux ajouts vocaux. Après l'édition d'une première version distribuée à cinq cents exemplaires en 1997, la jeune et charmante Judith Pronk, originaire d'Amsterdam, enregistre les parties chantées et devient le visage d'Alice Deejay. La deuxième phrase marquante de la chanson (« *Talk to me* ») est empruntée à un titre d'Eurythmics, *Here Comes the Rain Again*. La mixture est prête à être livrée aux radios et aux discothèques. Une fois n'est pas coutume, le succès ne se fait pas attendre. Le titre se classe dans les hit-parades en Europe et aux États-Unis. Au printemps 2000, Alice Deejay présente son premier album, *Who Needs Guitars Anyway ?* Mais les singles qui suivent ne permettent pas au collectif de rester au sommet de l'affiche. Ses membres se séparent en 2002. Quant à la chanson *Better Off Alone*, elle continue seule à enchanter les *dance floors*. En 2011, le DJ star français David Guetta obtient l'autorisation d'utiliser la mélodie du tube dans son titre *Play Hard* avec Ne-Yo et Akon. Une toute nouvelle génération de *clubbers* découvre ainsi l'existence d'Alice Deejay. Il faut également mentionner l'existence de nombreux remixes et même d'un mashup, assemblage épique de deux chansons réunissant les vocaux d'*Everybody's Free (To Feel Good)* de la chanteuse Rozalla et de la piste instrumentale de *Better Off Alone*.

SPACEDUST
GYM AND TONIC

« 2-3-4-5-6-7-8 AND BACK... »

L'histoire de Gym & Tonic débute par la rencontre de deux Français dans un avion en direction de Miami où se tient la Music Winter Conference. Christophe Le Friant, qui se fera bientôt appeler Bob Sinclar, fait la connaissance de Thomas Bangalter, un des membres du duo Daft Punk. Le Friant, DJ et cofondateur du label Yellow Productions, a une idée a priori loufoque, mais brillante. Celle d'un album concept réunissant des artistes de la scène électronique cachés derrière un personnage fictif : Bob Sinclar. Un nom directement inspiré de Bob Saint-Clar qu'interprétait Jean-Paul Belmondo dans *Le Magnifique* (1973) de Philippe de Broca. Thomas Bangalter se laisse convaincre de participer à ce projet. Il finit par livrer le morceau *Gym Tonic* qui sample un disque de la Motown et la voix de Jane Fonda. Mais les deux hommes se sont préalablement entendus sur plusieurs points. Ces emprunts à des enregistrements existants ont été faits sans autorisation et, en aucun cas, *Gym Tonic* ne doit faire l'objet d'une exploitation commerciale en single. Lorsque l'album sort enfin, les premiers retours des DJ et de la presse sont dithyrambiques. Cependant, un petit grain de sable s'est glissé dans la mécanique du succès, *Gym Tonic* est précisément le titre qui accroche l'oreille des auditeurs. Selon la légende, le distributeur de Yellow Productions et par conséquent de l'album, c'est-à-dire la Warner, met la pression sur Christophe Le Friant. Pour la Major, il est hors de question de passer à côté d'un succès possiblement mondial. Christophe Le Friant tente donc prudemment le coup en faisant presser quelques vinyles uniquement destinés à la promotion. Le titre explose immédiatement, mais se retrouve au centre d'un sac de nœuds juridique entravant son exploitation commerciale. Peu importe, de l'autre côté de la Manche, une solution a été trouvée. Jane Fonda refusant l'utilisation de sa voix, une chanteuse a été priée de la remplacer en studio. Ainsi sort *Gym and Tonic*, une copie de *Gym Tonic* vendu sous un nom d'artiste tenant du parasitisme éhonté, Spacedust (renvoyant à Stardust, un autre projet à succès de Thomas Bangalter). Une leçon d'opportunisme peut en cacher une autre. En Italie, un malin encore plus audacieux propose sa propre version de *Gym Tonic* qui a pour singularité d'être également un *cover* instrumental (une reprise) de *Music Sounds Better With You*, le tube de Stardust. Le titre, commercialisé sous l'appellation *Groovy 69*, est baptisé *Stardust Medley With Dust* ! Mais le plus incroyable dans l'histoire est que cette situation compliquée et peu favorable à Christophe Le Friant lui sert de tremplin. Le DJ va finalement prendre le pseudonyme de Bob Sinclar, connaître une carrière stupéfiante et devenir l'un des artistes français les plus célèbres de sa génération.

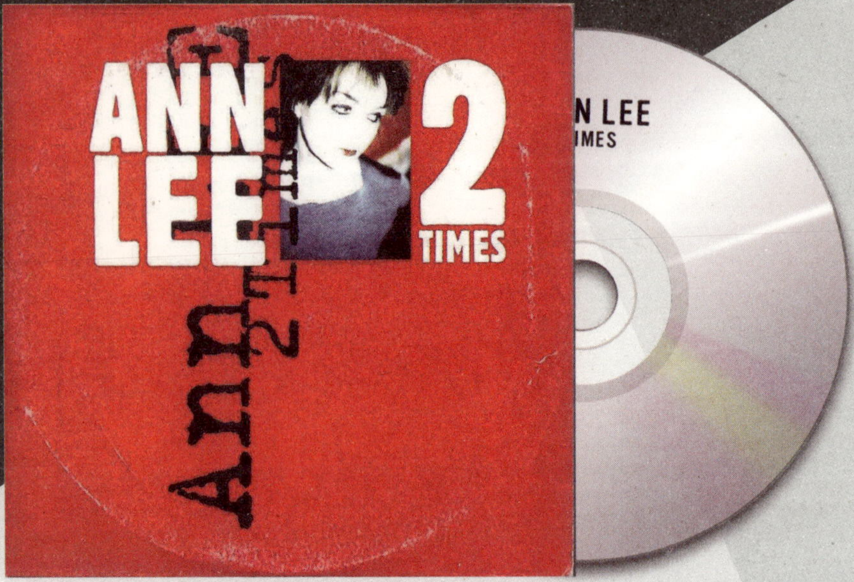

ANN LEE
2 TIMES

« Some many mind watching gonna do... »

Attention, l'histoire de la chanteuse britannique Annerley Gordon est définitivement peu commune. Au début des années 1990, la jeune femme originaire de Sheffield passe ses vacances d'été en Italie. Un soir en boîte de nuit, alors qu'elle danse en chantant à tue-tête, elle est abordée par un sympathique monsieur à moustaches qui lui conseille vivement d'aller auditionner dans les studios d'enregistrement du coin. Annerley, qui n'a rien à perdre, décide de tenter sa chance et se retrouve immédiatement embauchée. Pour exporter ses productions dans le monde entier, l'industrie musicale italienne a désespérément besoin de voix et d'interprètes capables de chanter sans accent. C'est le début d'une folle aventure. Annerley Gordon s'installe définitivement en Italie et devient une chanteuse de studio particulièrement demandée, d'autant que l'Anglaise se découvre un talent pour l'écriture de paroles. En 1993, elle participe à la création du tube de Corona, *The Rhythm of The Night* en qualité d'autrice. Elle enchaîne en mettant ses multiples talents au service de J.K., Lee Marow, Spagna, T.H. Express ou encore Whigfield. En 1998, c'est à son tour de connaître le succès avec un single au *hook* vocal entêtant (*tu tudu-huhu, tu tudu-huhu*), *2 Times*, qu'elle chante sous le pseudonyme d'Ann Lee. Le titre est un succès en Italie, mais pas seulement. En quelques semaines, Ann Lee gravit les marches des classements de ventes et entre dans le top 10 en France, Belgique, Norvège, Danemark et Canada. Cerise sur le gâteau : dans son pays d'origine, l'artiste devient n°2. La chanson est même remarquée par Hollywood et rejoint la bande originale de *Folle de lui*, une comédie romantique avec l'acteur américain Freddie Prinze Jr. Ses singles suivants, *Voices* et *Ring my Bell*, s'avèrent des échecs commerciaux et Annerley Gordon revient à sa carrière de chanteuse de studio. Tour à tour choriste, chanteuse *lead* pour des *covers*, autrice, elle continue sa collaboration avec Whigfield et travaille sur des titres pour les Benassi Bros. Elle tente de revenir sur le devant de la scène sous différents noms (Anne Lee, Annerley...) à de multiples reprises, sans jamais y parvenir véritablement. Une de ses très récentes collaborations, le tout à fait remarquable Stargazers & Annerley – *The Day You Faded Away*, dont je ne saurais que trop conseiller l'Extended Mix – montre qu'après trente ans de carrière, ce personnage tout à fait atypique est toujours dans le coup. À ce jour, elle a posé sa voix sur plus de six cents titres et écrit plus de deux cent cinquante chansons. Une discographie et une longévité qui imposent le respect !

ARMAND VAN HELDEN
YOU DON'T KNOW ME

« YOU DON'T EVEN KNOW ME... »

Armand Van Helden est un drôle de numéro. Cet Américain d'origine néerlandaise, d'abord passionné par le hip hop, peine à apprécier le caractère extrêmement répétitif de la house music. Il finit tout de même par attraper le virus et mixe dans les boîtes de nuit de Boston. C'est là qu'il fait la rencontre de Duane Harden, un étudiant afro-américain qui vient régulièrement l'écouter et a pris la curieuse habitude de chanter en dansant. Van Helden, qui l'entend depuis ses platines, interpelle le jeune homme et ils finissent par devenir amis. Le DJ invite régulièrement Harden à se lancer sérieusement dans la chanson et ce dernier finit donc par céder. Un soir, Van Helden l'invite chez lui et lui fait écouter plusieurs vinyles qui ne parviennent pas à convaincre la future vedette. Mais lorsque Harden entend un extrait du tube disco *Dance With You* de Carrie Lucas, son visage s'illumine. Armand Van Helden sample et boucle le passage (la partie rythmique du titre a, elle, été empruntée au classique de la house de Jaydee, *Plastic Dreams*), puis laisse le jeune interprète terminer seul le travail. Inspiré par une expérience toute personnelle, Duane Harden compose la mélodie du morceau et écrit les paroles en quinze minutes montre en main. Le tube de disco house filtrée *You don't Know Me* vient de naître et propulse son cocréateur sur le devant de la scène, tout en asseyant définitivement la réputation d'Armand Van Helden. Le titre cartonne au point que le label FFRR appelle le chanteur alors que ce dernier est au travail, pour lui demander de venir en urgence à Londres afin de participer à l'émission de télévision culte *Top of the Pops*. Ce premier grand hit va lui assurer des revenus très confortables et lui ouvrir les portes de la planète dance. Mais plus que l'argent et la gloire, Duane Harden retiendra une curieuse anecdote. Un soir, après qu'il s'est produit sur scène, une jeune femme lui tombe dans les bras et se met à pleurer à gros sanglots. Le chanteur, de nature très sensible, essuie à son tour une larme avant de lui demander : « *Tu peux m'expliquer pourquoi on pleure ?* ». La belle lui confie que la chanson *You Don't Know Me* lui a sauvé la vie. Elle était dans sa salle de bain, une lame en main, sur le point de commettre l'irréparable, lorsque la radio s'est mise à jouer le titre. La jeune femme y a vu un signe et renoncé à se donner la mort. Cette belle histoire marque profondément l'interprète. La même année, il assure un *featuring* remarquable avec PowerHouse et le single en résultant, *What U Need*, devient un nouveau succès. Désormais considéré comme une pointure du genre, Duane écrit *Believe* pour Ministers De-La-Funk et Jocelyn Brown, mais aussi la bombe *Stop Playing With My Mind* pour la diva Barbara Tucker.

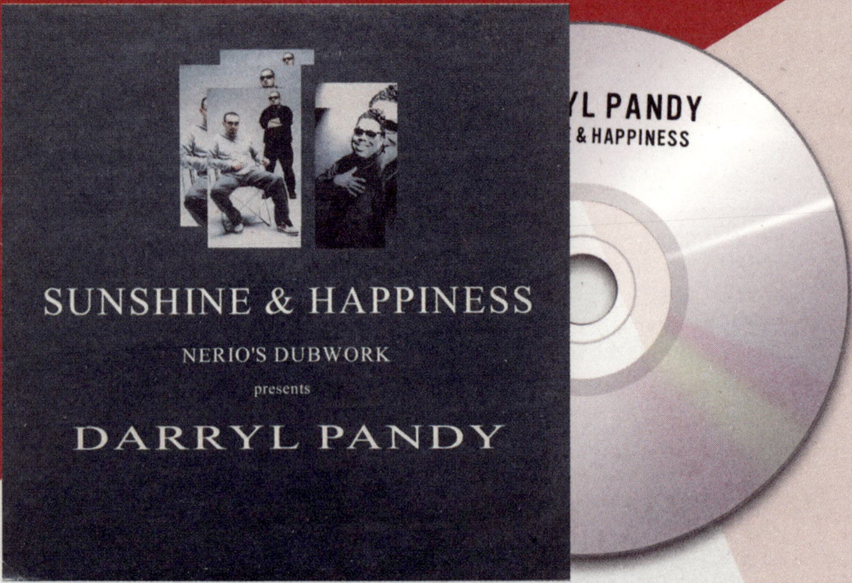

DARRYL PANDY
SUNSHINE & HAPPINESS

« YOU ARE MY SUNSHINE HAPPINESS… »

Originaire de Chicago, Darryl Pandy est l'un des pionniers de la house music. Ce chanteur de gospel à la tessiture vocale impressionnante se fait connaître du grand public en interprétant le titre *Love Can't Turn Around* produit en 1986 par Keith Farley (notre homme est alors plus connu sous le pseudonyme de Farley « Jackmaster » Funk). Ce hit est considéré comme l'un des premiers grands succès de la house music et surtout le premier titre du genre à se classer dans le Top 10 des meilleures ventes hebdomadaires au Royaume-Uni. En 1999, la légende américaine pose sa voix sur une piste concoctée par Nerio's Dubwork, un tandem italien composé des DJ et producteurs Antonio Romeo et Maurizio Zoffoli. Le titre est entièrement construit sur une boucle de *sample* arrachée au tube disco *My Forbidden Lover* (1979) du groupe CHIC, accélérée à cent vingt-quatre battements par minute. Le chanteur participe à la composition de la partie vocale. Sur les pistes de danse et à l'antenne des radios spécialisées, l'heure est plus que jamais à la disco house filtrée. Le succès du titre *Sunshine & Happiness* est littéralement foudroyant, ce qui pousse le trio à la récidive. Leur nouvelle collaboration, *Feel It*, bien qu'appréciée et intégrant les playlists des DJ, ne suscite pas le même engouement. En 2011, après avoir lutté de longs mois contre la maladie, Darry Pandy s'éteint. Il reste pour toute une génération d'artistes et de noctambules l'homme qui a porté la voix de la house music jusqu'en Angleterre.

PHATS & SMALL
TURN AROUND

Duo britannique composé de Jason « Phats » Hayward et Russell Small, Phats & Small est l'une des sensations house de l'année 1999. Leur tube *Turn Around* entre directement à la troisième place du hit-parade anglais. La recette de ce succès sautillant fait une fois de plus appel à quelques emprunts. Pour commencer, il y a une boucle samplée sur le disque *The Glow of Love* (1980) de Change, puis un « hook » vocal extirpé de la chanson *Reach Up* (1982) de Toney Lee. Cet assemblage ravageur devient un tube international et pousse les deux compères sous les projecteurs. Mais entre les royalties payées aux ayants droit pour l'utilisation des *samples* et un contrat d'enregistrement peu avantageux, le duo Phats & Small ne touche que 5 000 Livres.

EIFFEL 65
BLUE (DA BA DEE)

« I'M BLUE, DA BA DEE, DA BA DA »

L'histoire du tube *Blue (Da Ba Dee)* du groupe Eiffel 65 est des plus agitées. Ce titre hybride au carrefour de la dance et de la pop music nous vient d'Italie, plus précisément du studio Blissco à Turin. Cette structure rassemble des musiciens, interprètes, producteurs et DJ qui s'affairent à la fabrication de titres dance destinés à garnir les compilations pullulant alors dans les bacs. Toute la magie des lieux repose sur une particularité du bâtiment. Les studios sont collés les uns aux autres, et très mal insonorisés. Les artistes entendent ce que leurs voisins enregistrent, mais contre toute attente, ce problème à première vue gênant se révèle être une force et favorise les collaborations. Il n'est pas rare qu'un DJ ou un producteur, séduit par une mélodie venue de la porte d'à côté, fasse irruption dans la pièce et s'invite à la séance de composition. La chanson *Blue (Da Ba Dee)* est née d'un arpège entêtant joué au piano par Maurizio Lobina. Le chanteur Jeffrey Jey (de son vrai nom Gianfranco Randone) décide d'écrire des paroles sur cet embryon de tube. Il s'isole et écrit trois textes différents. Lorsqu'il pousse la porte du studio de Maurizio, Jeffrey annonce la couleur : « *J'ai trois versions, une normale, une un peu bof et une complètement folle* », s'écrit-il ! Maurizio Lobina et le producteur Massimo Gabutti n'hésitent pas une seconde et lui répondent : « *Essayons la folle !* ». Le célèbre DJ Gabry Ponte, qui travaille lui aussi dans les studios, se joint au groupe. Quelques heures plus tard, la chanson *Blue (Da Ba Dee)* est dans la boîte. Le quatuor croit dur comme fer au potentiel de sa création. Mais les déconvenues s'enchaînent. Soucieux de tester leur composition sur le public, ils font diffuser leur musique dans un club, mais les clients, surpris par l'originalité du single, quittent la piste. Mille maxi vinyles sont pressés pour « tenter le coup », mais le verdict est sans appel : seuls deux cents trouvent preneurs. Les radios font la moue et estiment que le titre est trop club pour les stations *mainstream*, et trop pop pour les stations spécialisées. *Blue* est un flop et les artistes sont priés de passer à d'autres projets. Mais au printemps 1999, une surprise de taille les attend. La radio italienne DeeJay décide de faire entrer le titre en rotation sur les ondes. La folie Eiffel 65 s'empare du pays et, progressivement, toute l'Europe succombe à ce nouveau son. Car le tube italien a quelque chose que les autres n'ont pas. En 1998, au moment où ils enregistrent *Blue*, le single *Believe* de Cher, premier titre populaire à faire usage de l'auto-tune, cartonne. Les Italiens se demandent comment les producteurs anglais sont parvenus à obtenir un tel effet vocal. Ne trouvant pas de solution évidente, ils décident d'utiliser un « harmonizer » sur la voix de Jeffrey pour imiter le procédé. Le résultat obtenu est loin de l'objectif visé, mais l'effet est unique. *Blue* donne l'impression d'être interprété par un être mi-homme mi-robot et cette trouvaille va grandement participer au succès du groupe. Les Italiens, qui avaient tourné la page, sont rattrapés par le col et invités à promouvoir le tube jusqu'aux États-Unis, partageant au passage la scène avec les plus grands artistes internationaux.

PUMP UP THE VOLUME

Ce livre est dédié aux artistes, interprètes, DJ, producteurs, labels qui ont œuvré à la popularisation des musiques électroniques.

Merci à :

Florent Gorges, Olivier Lehmann, Solange Gaillard, Isabelle Averede et Steeven Flores.

CRÉDITS ICONOGRAPHIQUES :

©4th & Broadway, ©Speed, ©Disque Déesse, ©Rhythm King, ©Dig It Al Mark, ©ZYX Records, ©FFRR, ©PWL Records, ©PWL Continental,©Metronome, ©Pulse 8, ©Panic Records, ©Champion, ©BMG Ariola, ©Airplay Records, ©Dance Pool, ©Coconut, ©Strictly Rhythm, ©Overdance !, ©Mascotte Music, ©BMG Ariola, ©Scorpio Music, ©Hot Tracks, ©Scorpio Music, ©BMG Ariola, ©Bonzai /EyeQ, ©BCM Records, ©Media Records, ©Mercury, ©Roulé, ©Virgin, ©Positiva/Violence Records, ©Champion Records/Dance Pool, ©Pulse 8 Records, ©Epic, ©FFRR, ©Cheeky, ©Deconstruction/BMG Ariola/ Hooj Choons, ©Polydor, ©Urban, ©Eastwestdance, ©ZYX Music, ©Island, ©4th & Broadway, ©A&M Records Inc, ©Yoshitoshi Recordings, ©Urban, ©Universal Music, ©Scorpio Music, ©Positiva, ©Scorpio Music, ©Club Tools, ©ZYX Records, ©DWA, ©Scorpio Music, ©Polydor, ©Scorpio Records, ©Scorpio Music, ©Panic Records, ©Airplay Records, ©LA PIN Production, ©Scorpio Music/AMC, ©Versailles, ©AMC.

Images additionnelles :

Freepik